介護事業の守り人

田畑陽一郎
TABATA YOICHIRO

幻冬舎 MC

介護事業の守り人

はじめに

超高齢社会に突入した日本は、2025年に国民の4人に1人が75歳以上の後期高齢者となるとされています。それに伴い介護ニーズが年々高まっており、厚労省によると通所介護事業所は2020年時点で約4万4000施設を数え、10年前と比べておよそ1万施設も増加しています。しかしその一方で、廃業を余儀なくされる介護事業所が一定数存在するのも事実です。東京商工リサーチによると、介護事業所の倒産数は2015年以降増加しており、近年では年間100施設以上が廃業しています。

倒産の大きな理由の一つに、国が定めている介護報酬が低いことによる経営の悪循環が挙げられます。介護報酬が低いため介護事業で働く人の給与水準はなかなか上げることができず、施設側は安い給料で人材を確保しなければなりません。そのため人手を集められない施設は入居者へのサービスの質も低下し入居者は減っていき、施設の資金繰りが苦しくなります。この負のスパイラルによって廃業を余儀なくされる介護事業所が後を絶たないのです。

そうした苦境にある介護事業所を救おうと私が立ち上がったのは、73歳の時でした。ある日、介護施設を運営する知り合いが訪ねてきて、疲労困憊《こんぱい》の表情でこう語ったのです。

「もうこれ以上は運営できない。助けてほしい」

彼は親から介護施設を引き継いだものの、慢性的な人手不足に悩まされ、日々介護施設に泊まり込むなど身を粉にして働き続けた結果、60歳を過ぎたタイミングで気力も体力も尽きてしまったといいます。後継者もおらず、このままだと閉鎖するしかなく、関係者に迷惑をかけるのが耐えられないといった様子でした。入居者のため、職員のため、親のため——。人生の大半を他人のために捧げてきた彼に突き付けられた現実はあまりにも厳しく、肩を落として力なく話す姿を見て、私は介護業界の闇を目の当たりにした思いでした。

医師としておよそ50年にわたって医療に携わってきた私は、1991年に千葉県にクリニックを開業して以来、経営者として事業拡大にも尽力してきました。医療法人や社会福祉法人の買収を積極的に進め、現在は透析施設7施設や介護施設16施設などを抱え保健・医療・福祉の包括的なネットワークを構築し、患者が安心して受けられる透析治療や介護サービスを提供しています。そんな私に対し、彼は最後の助け舟を求めてきたのです。私は迷うことなく、こう決意しました。

「利用者、職員、経営者のために立ち上がろう。日本の介護事業を守らなければ……」

介護施設を手放したいけれど、入居者を放り出すわけにはいかない。しかし、もう自分の手で運営していくのは限界だ――。こうした苦しみを抱えている介護事業の経営者は少なくありません。その解決策として有効な手法の一つが、M&Aです。新たに介護施設を運営したいと考えている人へ既存の施設を引き継ぐことができれば、利用者はもちろん、そこで働く介護スタッフの雇用を守ることもできます。私が手掛けたM&Aでは、買収後に全従業員の雇用を守り、平均以上の給与を確保しているため離職率も低く、結果的に利用者に質の高いサービスを提供していることで高い入居率につなげています。譲渡を決意した経営者からも「あなたに任せて本当に良かった」と感謝されています。

本書では私が手掛けてきたM&Aストーリーをつづり、それぞれどのような思いで買収を決意し、その後どのようなエンディングを迎えたのかをまとめています。この一冊が、苦しんでいる読者の希望の光となり、日本の介護業界の未来を明るく照らすことにつながれば幸いです。

目次

STORY 1

資金難の介護付き有料老人ホームから突然届いたSOS
——入居率回復に挑んだ買収後の大改革

STORY 2

深刻な人手不足に陥っていた介護事業所 ――事業買収で従業員の雇用と利用者の生活を守る

STORY 3

11施設を運営する社会福祉法人が直面していた後継者不在問題 ――〝燃え尽き症候群〟の理事長を救った事業承継

エピローグ

介護ニーズが高まるこれからの時代 介護事業M&Aの重要性は さらに増していく

プロローグ

資金難、人材不足、経営者の高齢化……
介護事業所から聞こえてくる悲鳴に、
一人の老人医師が立ち上がった

「もう無理かもしれない」
介護事業者の悲鳴が聞こえる

「これ以上続けていくのはもう無理かもしれません……」

旧知の間柄のFさんは、握り締めた拳を見つめて切り出しました。彼は親から引き継いだ30年の歴史のある介護施設を運営しています。地域に密着した施設を運営することで、地元の人たちから頼りにされることに誇りをもっていました。しかし、久しぶりに会ったFさんはすっかりやつれて目に力がなく、疲れ果てているように見えました。彼は自身の介護事業所の窮状をぽつりぽつりと話し始めました。

近隣に大手の新しい施設ができた影響で人材を募集してもほとんど応募がなく、人手不足で職員たちに負担をかけてしまっている。介護スタッフはギリギリの人数で回しているため、ここ最近は新規の入居者を断らざるを得ないような苦境にある……。施設の建物もそろそろ大規模修繕が必要な時期を迎えているものの、なかなか踏み切れないとも話していました。話を聞く限り、彼の経営する施設はこのまま放っておけば、あと数カ月もつかどうかだと思えました。

しかし、なんとか介護事業所を続けていきたいという気持ちがにじんでいることは明らかでした。彼の介護事業所を頼りにしている利用者や働く職員たちへの愛、そして、長年経営してきた介護施設への愛が言葉の端々から感じられたのです。この介護施設を必要としている人がいる。このまま灯を消してはならない。守らなければ……という熱い思いが、私の心の底から湧き上がってきました。

私は医師として1991年に千葉県にクリニックを開業して以来、11カ所の医療施設と16カ所の介護施設を経営してきました。なかには、自分たちでゼロから開設したものもあれば、M&Aによって既存の施設が私たちグループの一員となったケースもあります。それまでには、廃業しようとしていた病院を引き継いで立て直したこともありました。

私が、FさんにM&Aという方法を最初に提案した時、一瞬きょとんとした表情を浮かべたことを印象深く覚えています。事業を続けていくか、それとも畳むのかの二択の間で苦しんでいた彼にとって、それは新たな選択肢でした。

私はM&Aによって理念を共有できる相手に事業を譲渡すれば、Fさんは運営から離れることになるかもしれないが、施設はそのまま維持できるだろうと説明しました。話を聞いていくうちに彼の心はわずかに動いたようでした。

しかしFさんにとって最後まで気がかりだったのは、家族のように思っている職員たちのことでした。譲渡した場合、入居者はそれでよいとして職員たちはどうなるのか。譲渡した途端、解雇されるなんてことにはならないのかと質問しながら心配そうに私を見つめます。介護業界は深刻な人材不足で、そう簡単に人材を確保できないことはFさん自身も分かってはいるものの、それでもそう簡単に不安が消えることはないのです。

介護業界では譲り受けた側が全員の雇用を継続するケースが多くなっていることなどを説明すると、彼の表情は一気に明るくなりました。さらに譲渡することでFさんにはキャッシュも入ること、施設だけでなく入居者の生活や雇用も守れること、そしてFさんの今後の生活も守ることができるとも付け加えました。ここまで話してようやく、彼は悩み事がすべて吹っ切れたかのような表情で私の目をまっすぐに見て言ったのです。

「分かりました。事業を譲渡することにします」

　私がFさんの施設を救おうと決意したのは、施設の運営に力を尽くし、疲弊してしまった彼の人生を守りたいと感じたことがいちばんの大きな理由です。介護事業は一度始めたら途中で簡単に止めるわけにはいきません。義務感にかられて、自らを犠牲にしてでもなんとか運営を続けなければと考える人もいます。しかし、事業を守るために誰かが身を犠牲にするのはおかしいというのが私の考えなのです。

　またFさんの施設は経営が苦しくなっているとはいえ、右腕として支えていた優秀な職員がいたことも決め手でした。事業を進めていくうえでいちばん大切なのは人です。そして施設には優秀な職員がいる――。今は苦しいかもしれないが、きっと施設は存続できるはずだと信じていたのです。

事業譲渡が決まって以降のFさんは、来訪当初とは別人のように元気を取り戻していました。施設の運営ができなくなる寸前まで追い詰められていた彼にとって、M＆Aという選択肢が希望の灯となったのです。

このようなケースは特別なものではありません。日本じゅうの中小規模の介護施設や事業所で起こりうる事態です。その背景には、介護業界に横たわる深刻な問題があります。

中小介護事業者を追い詰めるものの正体

２０２２年に日本の高齢化率が29％を超え、この国は超高齢社会に突入しました。さらに２０２５年には国民の４人に１人が75歳以上の後期高齢者となると見込まれています。後期高齢者が増えていくことをとらえて、介護は成長産業だ、という声が上がっています。確かに介護のニーズにだけ注目すれば、そう見えるかと思います。しかし、介護業界はそう単純には言い切れない事情を抱えています。介護業界は黎明《れいめい》期から万年人材不足に苦しみ続けてきました。特に中小規模の施設では人材を確保するのにも一苦労です。求人広告を出したものの、応募者がゼロだったという話を聞くこともあります。若手の労働力を確保できていないのと同時に介護労働者の平均年齢も上がってきており、60代の介護労働者の割合も増えています。

高齢者がどんどん増加しているとはいえ、事業所の数も増えており利用者獲得競争も激化しています。例えば、高齢者の家族が介護付き老人ホームを探して複数の施設を見比べて検討した時に、知名度のある大手や、資金力があって施設の充実している施設はどうしても魅力的に映ります。そのため、古くからある施設が入居者を思うように集められず、資金繰りに苦労している例も少なくありません。

加えて、経営者自身の高齢化も進んでいます。介護保険制度がスタートした2000年に参入したのであれば、それから20年が経過したことになります。当時40代であれば、60

代に達する計算です。ただ、経営者が高齢になったから自身の子どもなどに引き継ぎたいと考えても、小規模の事業所などでは経営状態が苦しく、思うように後継者を確保できないということも起きています。

後継者が確保できていないところへ、施設の大規模修繕のタイミングが迫ってきている施設ではさらに大変になります。若い後継者がいれば、思い切って資金を投入して修繕を進めることもできます。しかし、利用者が思うように集まらず資金繰りも苦しい状況で後を継ぐ人も決まらなければ、多額の資金が必要となる大規模修繕に踏み出すことは難しくなります。資金力の豊富な大手と、人手も資金もギリギリで回している小規模事業所との間で格差が広がっているのです。

これらの問題の根本にあるのは介護報酬の低さであると私は考えています。

もともと、介護は医療の一部でした。１９７０年代に日本の高齢化率が７％を超えて高齢化社会となった頃、医療費の増大が問題視されるようになりました。医療費が年々増加し財政を圧迫したため、国は介護保険法をつくって介護を医療と別の扱いにすることにし

職種別平均賃金

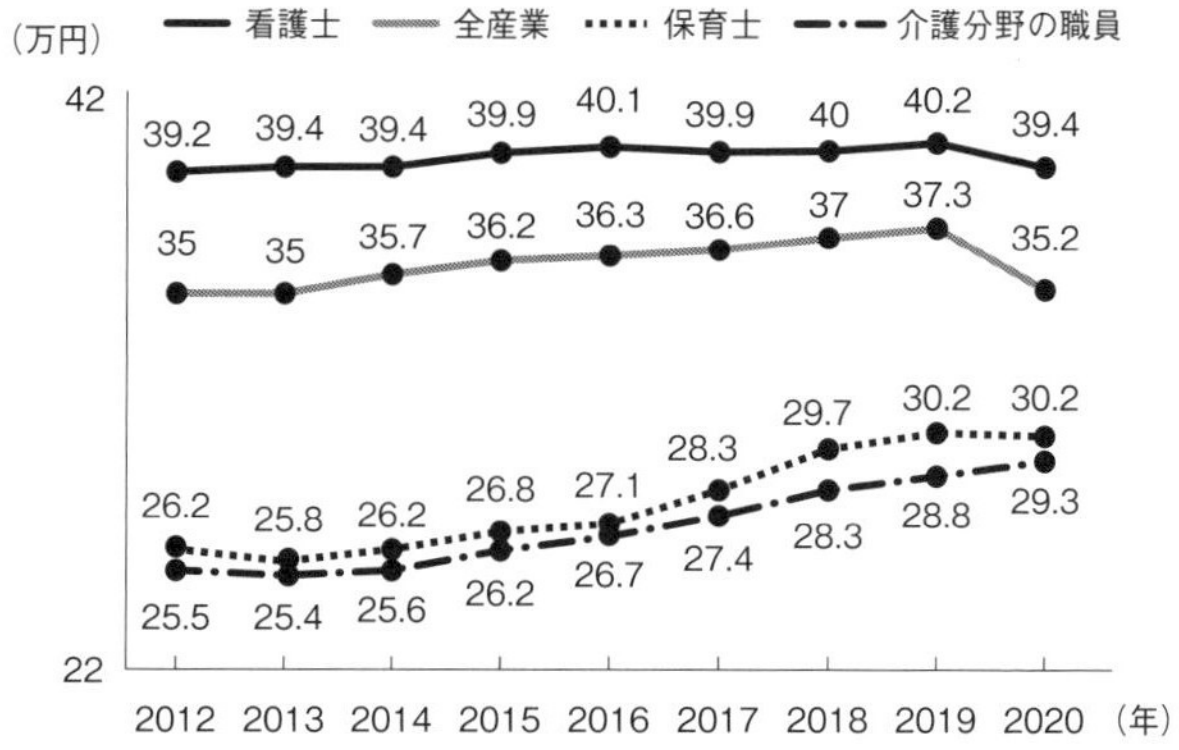

出典：内閣官房「公的価格評価検討委員会第１回資料『公的価格の制度について』」を基に作成

ました。介護は生活の支援が基本であり、治療とは異なり病気ではないとしたのです。医療と介護を切り分ければ、国としては医療費を抑えることができるからです。

その結果、介護福祉士の給料は仕事の内容に照らし合わせてもかなり低く設定されてしまいました。せっかく苦労して国家資格である介護福祉士資格を取得したにもかかわらず、給料が低いのでは不満を抱くのも当然です。こうして、介護を志す人自体も少なくなっているのです。

介護保険制度は3年に一度見直され、近年は介護報酬が引き下げられることが多い一方、介

介護職の平均給与額

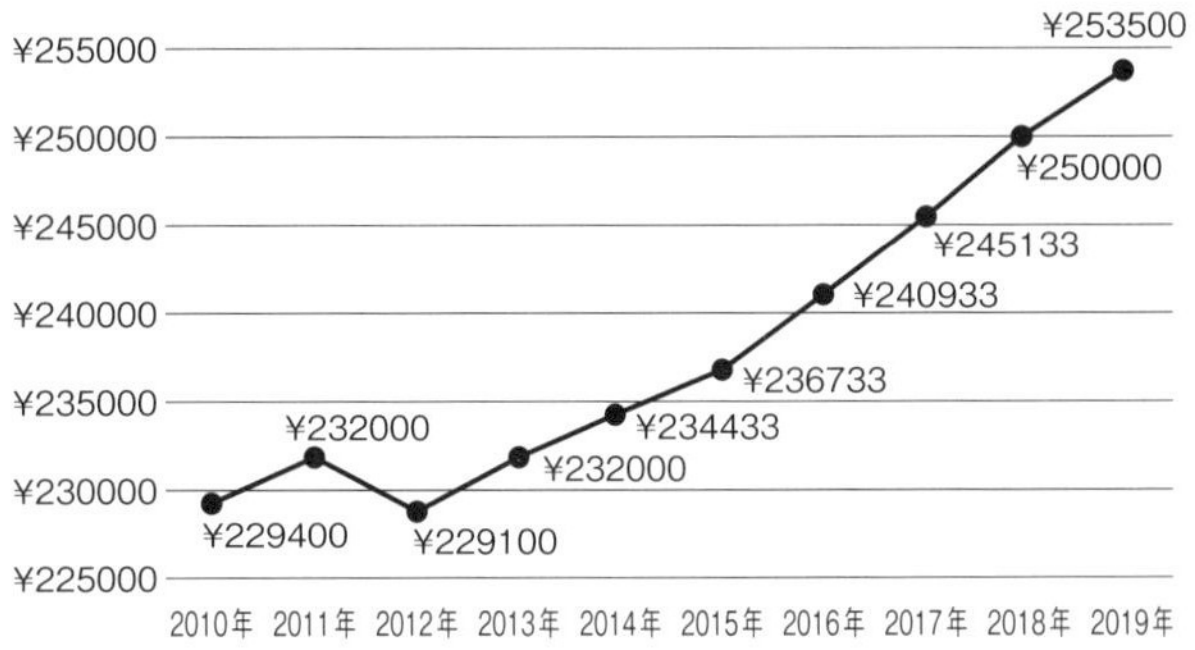

年間賞与その他特別給与額

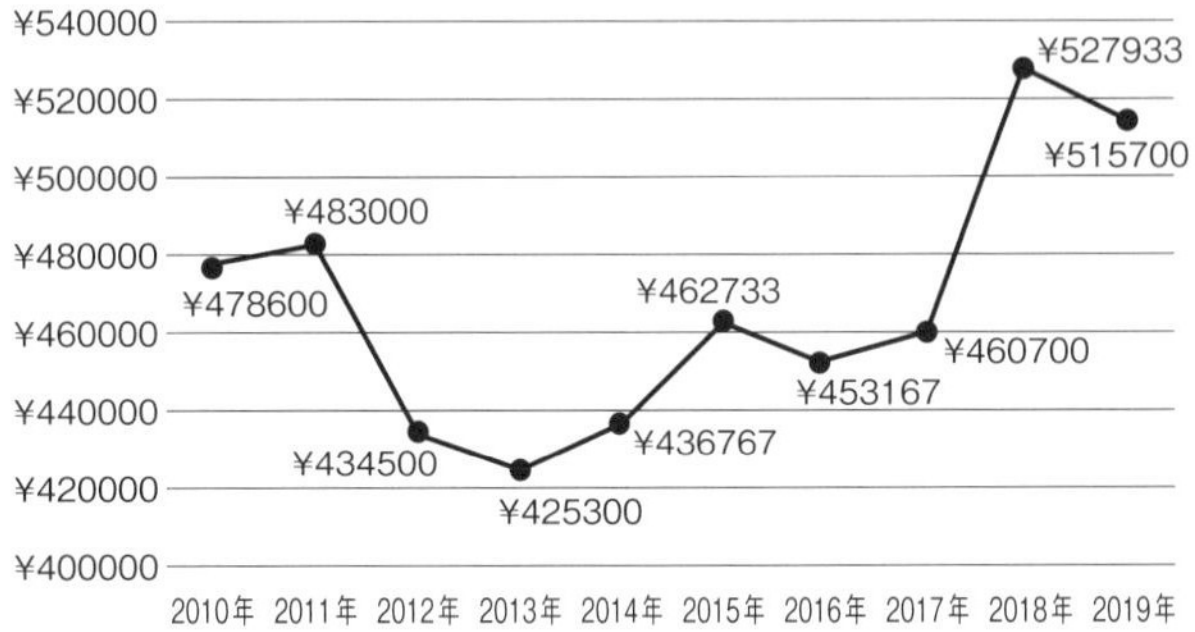

出典：厚生労働省「賃金構造基本統計調査」

護職員の待遇改善も図られています。しかし、「介護職員処遇改善加算」がついて報酬がやや上がったという程度です。

「特定処遇改善加算」は介護職員の待遇改善を目指し2019年10月から運用が開始されました。この制度を利用すると、一定の条件を満たす介護職員について月額平均8万円または年収440万円への給与アップが見込まれます。これにより、経験とスキルをもったベテラン介護職の待遇を改善しようとしたのです。

しかし、スキルがあって現場での経験も豊富な介護職員であっても、この制度を利用するための条件を満たせないことが往々にしてあります。というのも、この加算を受けるには職場環境の整備やキャリアパスの要件、研修実施などの条件が課されるからです。

資金に余裕のある規模の大きな事業所であれば、そうした要件をクリアして加算を受けられることが多くなります。しかし、資金力の乏しい小規模事業所では要件を満たすことができないケースも少なくありません。せっかく制度ができたのに、経営が苦しい小規模事業所が加算を受けられないということも起こっています。

介護職員の必要数

年度	必要人数	2019年 (211万人) 比
2023年度	約233万人	＋約22万人
2025年度	約243万人	＋約32万人
2040年度	約280万人	＋約69万人

※介護職員の必要数は、介護保険給付の対象となる介護サービス事業所、介護保険施設に従事する介護職員の必要数に、介護予防・日常生活支援総合事業における従前の介護予防訪問介護等に相当するサービスに従事する介護職員の必要数を加えたもの。
出典：厚生労働省「第８期介護保険事業計画に基づく介護職員の必要数について」

こうしたことから、加算の対象になるような優秀なベテラン職員が大手に集中してしまうということになりかねません。本来は介護職員の待遇を改善するために設けられた制度であるのに、大規模事業者と小規模事業者との格差を広げる結果を招き、小規模事業者をさらに追い詰めることにもなります。

今後、介護を必要とする人がどんどん増加していくことは明らかです。介護現場で人手が慢性的に不足している状態がさらに続けば、職員一人ひとりの負担はますます大きくなっていくと私は懸念しています。

厚生労働省は介護職員の不足数について、都道府県が推計した介護職員数を集計して今後の介護職員

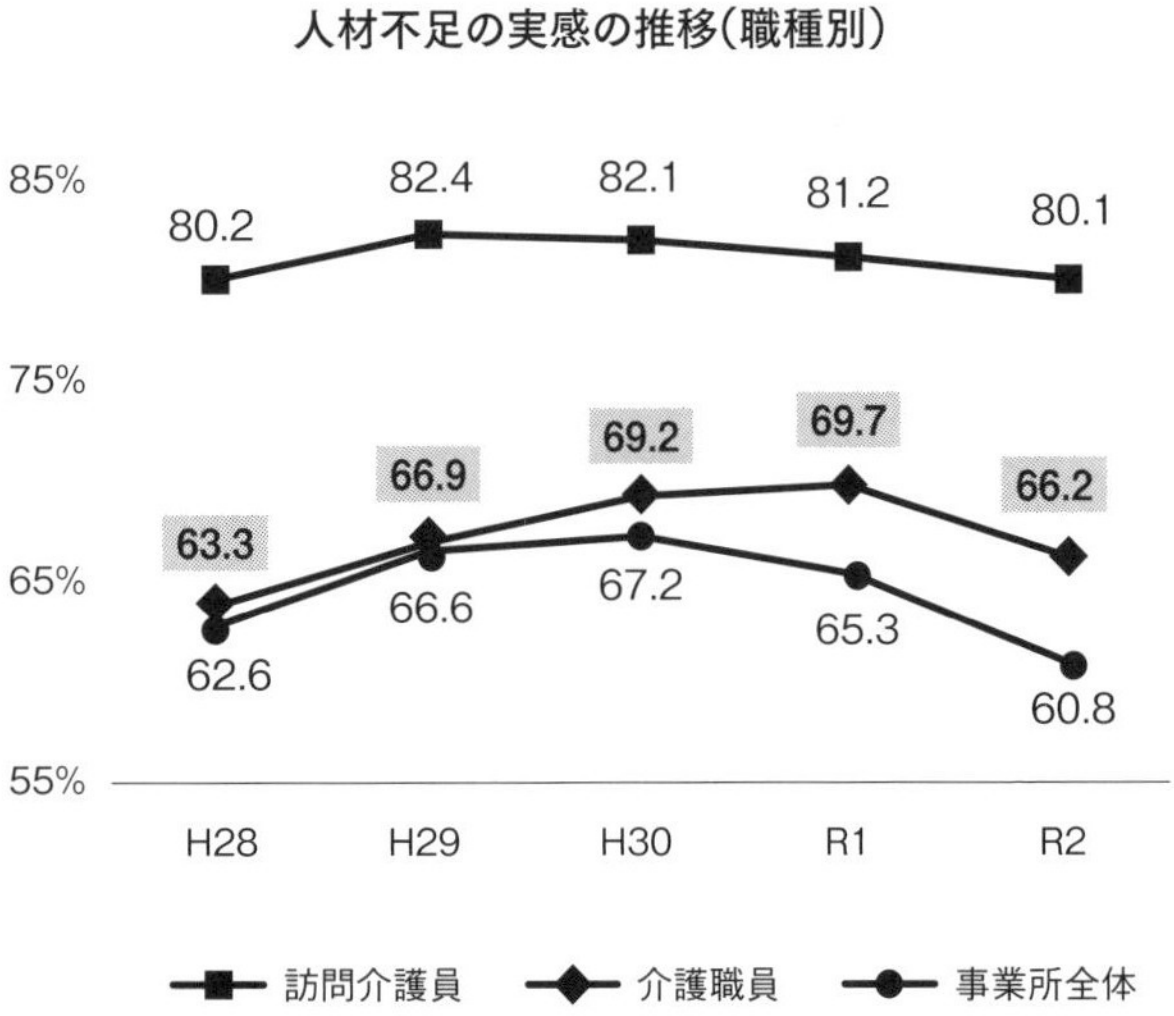

出典：(公財) 介護労働安定センター「令和2年度介護労働実態調査」

の必要数を図表のように計算しています。

これに基づいて考えると、2025年度までは日本全体でみて毎年5万人規模、介護職の人材が不足することになります。

公益財団法人介護労働安定センターが全国の介護事業所を対象に実施した「令和2年度介護労働実態調査」によれば、人材不足の実感を聞いた回答で「大いに不足」「不足」「やや不足」の合計は全体で60・8%にのぼります。前年よりやや回復しているとはいえ、依然として高率です。

介護職員と訪問介護員の年齢分布

		20歳未満	20～29歳	30～39歳	40～49歳	50～59歳	60歳以上
性別	男性	—	2.5%	20.4%	28.1%	19.4%	27.7%
	女性	0.1%	1.5%	7.9%	23.3%	38.4%	27.0%
職種別	介護職員	0.7%	15.0%	22.9%	24.1%	19.9%	15.9%
	訪問介護職員	0.2%	4.0%	10.1%	19.6%	25.3%	38.5%

1.性別は９職種合計（サービス提供責任者、看護職員、介護支援専門員（ケアマネージャー）、生活相談員または支援相談員、PT・OT・ST等、栄養士・栄養士、福祉用具専門相談員及び上記表の２職種）
2.調査において無回答のものがあるため、合計しても100%とはならない。
出典：（公財）介護労働安定センター「平成29年度介護労働実態調査」

人手が足りていないなかで激務をこなしているのに、収入がアップしなければ介護労働者の数はますます減少の一途をたどり、人材不足がより深刻な状態になるのは明らかです。

人材が不足しているうえに、介護労働者の高年齢化も問題となりつつあります。平成29年度の調査によれば介護労働者の1割以上が60歳以上です。介護労働者で最も割合が多い年齢層は40～49歳であり、これから高齢者数が最も増えることが予想される時期を第一線で担っていく20代や30代の割合が低いのです。訪問介護員に至っては今の時点で４割近くが60歳以上です。

20代や30代の若手の確保が進まないようでは、介護業界の未来が心配です。一般的に介護の仕事は３Ｋ（きつい・汚い・危険）などといわれマイナスイメージが根強く、給与も低いとなれば、就職を考える若者から敬遠されても仕方ありません。最近では介護職のマイナスイメージを払拭しようと、国をはじめ介護業界全体で介護の仕事のイメージアップを図っていますが、一度浸透してしまったマイナスイメージはなかなか覆りません。

私たちも介護人材の確保には苦労しており、時には人材紹介会社に頼らなければならないこともあります。人材紹介会社に紹介してもらう場合、予定年収の数十％程度の手数料を支払うことになるので、必要以上に出費がかさみます。

国も人材不足をなんとか解消しようと、入国管理法を改正することで外国人労働者の受け入れを増やすという手立てを講じました。その一環として、２０１９年からは「特定技能外国人」の受け入れが始まっています。介護という技能をもった外国人が日本で働くことを目的とした在留資格です。最大で６万人の外国人介護士の受け入れを目指していますが、新型コロナウイルスの感染拡大の影響を受けた入国制限が続いたこともあり、目論見どおりに人材確保は進んでおらず、今後うまく進むかは甚だ疑問だといわざるを得ません。文化の違う外国人を受け入れる際には、数字には表れないような現場の苦労も増えます。

介護事業所の廃業が意味すること

国が定めた介護報酬が下がる一方の環境で、介護事業所を経営していくのは大変なことです。にもかかわらず、日本経済が停滞したコロナ禍でも増収を記録した会社もあります。業界最大手のニチイ学館は介護付き老人ホーム、ニチイホームで知られ、首都圏を中心に60施設以上を展開しています。また、グループ企業のニチイケアパレスは介護サービスや家事代行サービスなどによって、利用者に合わせたサービスを提供しています。コロナ禍でも変わらず業界トップの売上高を誇っています。

進研ゼミでおなじみのベネッセグループで介護事業を展開しているベネッセスタイル

ケアは、2020年にはコロナ禍でありながらも高齢者向けホームと住宅数を拡大して2021年3月期決算は増収を記録しています。

損保会社のSOMPOホールディングスは介護事業者を買収する形で参入して成功を収めています。SOMPOホールディングスのグループ会社であるSOMPOケアは、有料老人ホームやグループホームの運営、居宅サービスなどで、業界内でも上位に食い込んでいます。

介護業界では老舗の部類に入るツクイはデイサービス事業、住まい事業、在宅事業、人材事業、リース事業などを展開しており、特にデイサービスの事業所数は500カ所以上あり、業界でもトップクラスです。全国展開しているため、自治体カバー率は5割を超えています。短期間で消えていく事業者も多いなか、介護業界という言葉が一般的に使われるようになる前に介護事業をスタートさせ、35年以上の歴史があります。

実績を積み上げながら成長を続ける会社がある一方で、短期間で廃業していく事業所も多くあります。高齢者の数は増えているのに、利用者の確保に四苦八苦している事業所は

介護事業者の各種年次推移

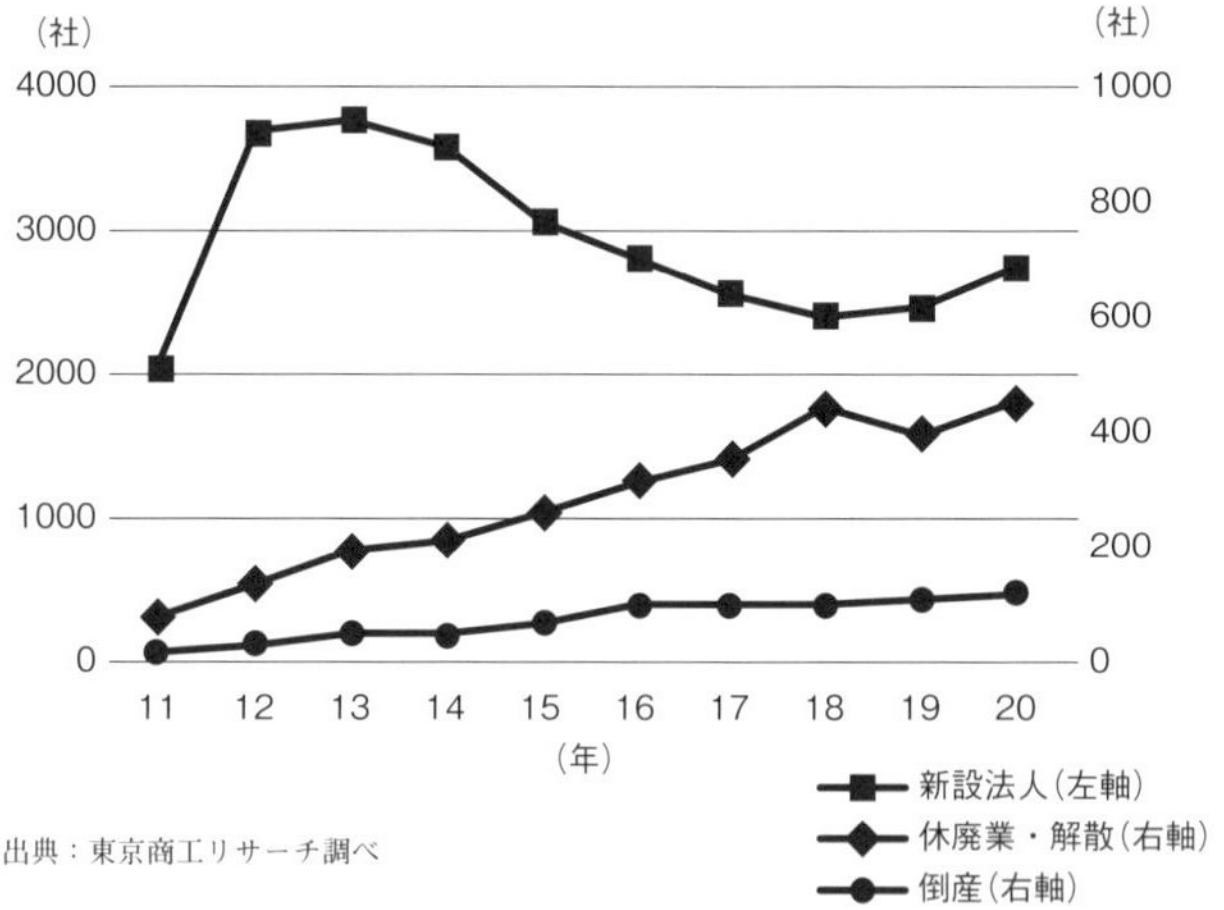

出典：東京商工リサーチ調べ

少なくありません。資金力のある大手や外資系企業が参入してきたことで、特に中小規模の事業所は苦戦を強いられています。介護業界は慢性的な人材不足に苦しんでおり、貴重な人材をそれぞれの事業所が奪い合っています。そうなると、経営基盤が安定している規模の大きな会社が断然有利になります。待遇の面でもよりよい条件を出せますし、スケールメリットを活かした採用活動を広く展開することもできます。優秀な人材を確保することができれば、現場にも余裕が生まれて新たなチャレンジもしやすくなります。そういう事業所は求職者から見ても、利用者から見ても魅力的に映ります。新しくてきれいな建物に最新の機器がそろっていれば人材も集まりやすくなります。そこにいきいきと働く職員の姿があれば、評判はさらに高まるに違いありません。利用者や入居者が十分に集まれば経営も安定します。

一方で、数十年前に建てられた建物を改修する資金もなく、故障した機器を修理するのも後回しになり、求人広告を出しても応募がまったく集まらず、常に人手不足でギリギリの状態で回しているような施設は求職者からも利用者からも敬遠されます。入居者が集まらなければ、ランニングコストだけがかさんで経営も苦しくなっていきます。職員も自分たちの施設は経営が危ないらしいと感じ取れば、よりよい条件を求めて転職を考えるようになります。職員が抜けていけば、少ない人数で業務を回さなければならなくなって現場は疲弊し、さらに人材が離れていくことになります。加えて経営者が高齢になってきたのに後継者も育たないとなれば、長年にわたって地域の介護を支えてきた施設は消えていかざるを得ません。実際にこの数年の間に介護事業者の廃業数は増加傾向にあります。

住まい型の介護施設が一つ消えれば、施設を終《つい》の住処《すみか》と定めて余生を送っていたお年寄りから安住の地を奪い、さらに、施設で働いていた人は職場を失います。

公的な施設である特別養護老人ホームが倒産する時代に

施設に入居して介護サービスを受ける場合の選択肢は、特別養護老人ホーム、介護老人保健施設、介護療養型医療施設・介護医療院、有料老人ホーム、サービス付き高齢者向け住宅があります。特別養護老人ホームは運営を社会福祉法人や地方自治体などの公的な機関が担うことがほとんどであるため、安定していると認識している人が多いと思います。利用料金は日本全国どこであっても15万〜18万円ほどで、質の良い介護サービスを受けられるところが多くあります。しかし、その特別養護老人ホームが倒産する時代になってきています。

特別養護老人ホームの設立にあたってよくあるのは、土地をもっている人が土地を寄付する形で社会福祉法人をつくるパターンです。自らの土地に建物をつくって、事業を始めるので、土地の持ち主がそのまま理事長になることもよくありますが、理事長は組織のトップではあるもののオーナーではないという点が株式会社との違いです。土地や財産はすべて社会福祉法人のものとなり、理事長といえども自由にすることはできません。社会福祉法人というのは、文字どおり社会の福祉を担う法人なので安定を第一とし、簡単に売り買いすることはできない仕組みになっています。自由度が低い分、お金の出し入れについて非課税の部分も多く、内部留保も株式会社などより厚めに積むことができます。ただ、社会福祉法人の土地や財産は理事長が自由にできないとはいっても、まったく売り買いができないわけでもありません。

２０２１年に社会福祉法人の大型破綻が介護業界では大きな話題となりました。破綻した社会福祉法人サンフェニックスの負債額は60～70億円を超えるのではといわれています。福祉医療機構によれば、特別養護老人ホームの従来型では35・２％、個室となるユニット型では29％が赤字となっています。

要因としては、新型コロナウイルスが流行したことによって感染対策のために人手がかかるようになったり、物価や光熱費などの上昇が経営を圧迫していたりといった事情があります。さまざまな助成金が出たことで、２０２１年は倒産件数が少なく済んでいましたが、２０２２年には特別養護老人ホームも倒産件数が過去最多となっています。

さらに逆風となっているのは、国が介護のための支出を減らそうと施設での介護から自宅介護へと介護の形を変化させようとしていることです。そうなれば施設介護のニーズは相対的に下がります。実際に、都市部以外では定員割れを起こしている特養も出始めました。介護スタッフが確保できないために、定員いっぱいに入居者を受け入れることができないケースもあります。こうした施設を放っておけば、いずれ資金が枯渇し、倒産を招くことになります。

介護業界でも増えてきたM&A

M&AはMergers and Acquisitions（合併と買収）の略で、資本の移動を伴う企業の合併と買収を意味します。

狭義でのM&Aは吸収合併・新設合併などの企業の合併と、株式譲渡、新株引受、第三者割当増資、株式交換などの手段を通じた会社・事業の買収を指します。広義では、事業の多角化などを目的とした資本提携（資本参加、合弁会社設立など）を含む企業の経営戦略を指すこともあります。

M&Aの目的はさまざまで、譲渡側（売り手）と、譲受側（買い手）でそれぞれ異なります。譲渡側（売り手）の目的としては次のようなものが挙げられます。

・後継者問題の解決
・職員の雇用を守る

・事業の整理

◎後継者問題の解決

経営者が高齢になったものの後を継ぐ人材がいなければ、法人に未来はありません。介護業界にも後継者問題に悩む法人は少なくないなか、第三者に会社や事業を承継するのを目的としてM&Aが行われます。

後継者問題が解決しなければ、最悪の場合には廃業することになり、職員が働き慣れた職場を失うことにもなりかねません。M&Aによって後継者問題をクリアできれば廃業を免れ、雇用の喪失を防ぐことができます。さらに、譲受側（買い手）からキャッシュが入ってくるメリットもあります。

◎職員の雇用を守る

廃業になれば施設で働くすべての職員が職場を失います。しかし、M&Aであれば譲受企業は職員を含めて譲り受けることを検討します。特に介護業界は慢性的に人材不足であるため、譲受側は今働いている職員にそのまま残って働き続けてほしいと考えるケースが多いです。

◎事業の整理

M&Aによって一部の事業だけを譲渡することもできるので、事業を整理するための手段ともなります。多角的に事業を展開している場合、業績の伸び悩みや経営資源の分配がうまくできないこともあり得ます。利益が出にくい事業を売却することで自社の利益が出る事業に資源を集中させることができるため、事業譲渡や会社分割などのためにM&Aの手法が活用されることがあります。

一方、譲受側（買い手）のM&Aの目的は次のようなものがあります。

・新規事業への参入
・既存事業の強化
・スケールメリットの獲得

◎**新規事業への参入**

新規事業へ参入するとき、一から事業をスタートするのは手間もコストもかかります。一方、M&Aで法人や事業を譲り受ければ、リスクやコストを下げることができます。また、職員を含めて譲り受けることで、譲渡側のもっている技術やノウハウをそのまま引き継げるメリットもあります。特に、譲受側が他業界から介護業界に参入してくる場合、介護のスキルもあって経験も積んでいる職員を引き継げることは大きな利点です。すでにある施設や職員を活用することで、新規に開業するよりも事業が軌道に乗るまでの時間を大幅に短縮することができます。

◎既存事業の強化

Ｍ＆Ａによって自社との相乗効果が見込める会社を譲り受けることで、既存事業を強化することもできます。補いたい分野の技術や人材、顧客などを得ることができるので、成長戦略としてＭ＆Ａという選択肢がとられることがあります。

◎スケールメリットの獲得

譲渡側から事業所や職員を引き継ぐことで、法人の規模を拡大することができます。規模が大きくなれば、例えばＭ＆Ａが幅広い人に知られることによって利用者の認知度が向上し、ブランド力も強まります。介護事業では地域での評判や信頼度が施設の入居率や利用者数に直結しますし、人材募集の際にも有利に働きます。法人のスケールが大きくなることで機器や介護用品、備品の購入に際する値段の交渉などにも有利に働くことが考えられ、コストを抑えることにもつながります。

介護業界のM&A事情

２０２０年にニチイ学館が東証一部への株式上場を廃止したように、ここ数年、介護業界では大手の非上場化が起きています。介護報酬の引き下げや人材確保のコスト上昇などで経営環境が厳しくなっていることに加え、コロナ禍で先行きの不透明感が増したことなども影響していると考えられます。

◎ベインキャピタルとニチイ学館とのＭＢＯによる非公開化

ニチイ学館は医療・介護関連事業を展開する国内業界大手の事業者です。ベインキャピタルは、米国・マサチューセッツ州ボストンに本社を置く、独立系プライベート・エクイティ・ファンドです。ニチイ学館は人手不足による人件費高騰や、介護施設の老朽化に伴う大型投資、経営体制の変革といった事業構造改革の必要に迫られ、ともに改革を推進するスポンサーとしてベインキャピタルに打診し、ＭＢＯによる非公開化が成立しました。

ＭＢＯはManagement Buyoutの略で、経営陣あるいは従業員が、自社の株式や一部の事業部門を買収して独立することです。例えば、オーナーではない経営者が事業の継続を前提としてオーナーや親会社から株式を買い取り、経営権を取得することなどです。

ニチイ学館が展開するのは医療関連・介護・保育・教育・ヘルスケア・セラピーといった事業です。ベインキャピタルはこうしたなかから成長するポテンシャルがあると予想される事業に成長投資を引き続き強化し、経営資源の最適配分を進めることで安定した収益基盤を確立させる方針を示しています。

また、外部の資本パートナーと提携して完全子会社化された例としては次のようなものがあります。

◎ＭＢＫパートナーズによるツクイホールディングスの完全子会社化

ツクイホールディングスは介護事業大手ですが、コロナ禍の影響で主力事業であるデイサービスの利用控えなどが起こり、打撃を受けました。介護報酬改定に業績が左右される不安定さや先行きの不透明さを危ぶみ、外部の資本パートナーを検討していました。

複数の入札候補者から、ツクイホールディングスはMBKパートナーズを選びました。MBKパートナーズはツクイホールディングスを完全子会社化後、取締役の過半数を派遣して介護事業および介護周辺事業を強化していく方針を示しています。

◎ユニゾン・キャピタルによるN・フィールドの完全子会社化

N・フィールドは精神科領域に特化した訪問看護事業大手で、収益性が低下していることに課題をもっていました。長期的な視点での課題解決に向けて、金融機関から外部パートナーとの提携を提案されるなかで紹介されたのがユニゾン・キャピタルでした。

ユニゾン・キャピタルは、地域ヘルスケア連携基盤（CHCP）を子会社として設立し、医療・看護・介護・薬局などの事業者を集約して連携を推進し、ヘルスケアプラットフォームの構築を目指しています。ここ数年では、医療機関や調剤薬局等を買収していました。

ユニゾン・キャピタルのヘルスケア領域での豊富な投資実績とノウハウ等を活用したいN・フィールド側と、訪問看護を提供する企業をグループ化することで、効率的な治療供給体制を構築するというユニゾン側の構想が合致する形となりました。

介護業界ではM&Aによる業界再編が進んでおり、この流れはまだ続きそうです。

M&Aで規模や事業領域の拡大を進める大手事業者の動き

大手の介護事業者ほど、M&Aを活用して規模を拡大したり事業領域を広げたりしています。介護業界のM&Aは三つに分類できます。介護事業者による同業のM&A、介護事業者による異業種のM&A、異業種企業による介護事業のM&Aです。

◎介護事業者による同業のM＆A

M＆Aにより規模や事業領域の拡大を図っているのは主に大手の介護事業者です。

例えば、居住系サービスを中心としている学研ホールディングスは、２０１８年にグループホームのメディカル・ケア・サービスを子会社化しています。

また、デイサービス大手であるツクイホールディングスは２０２０年、２０２２年に２件の訪問介護事業のM＆Aを実施しました。セントケア・ホールディングも２０１７年以降訪問介護、訪問看護企業2社の株式を取得しています。

在宅サービスを中心としたソラストは、２０１８年以降に通所介護や居住系サービスの6社をM＆Aによって取得しました。

◎介護事業者による異業種のM＆A

介護人材の確保を目指して人材業界への投資をしたり、介護でDXを推進するためにI

T業界への投資が行われたりしています。

例えば、ベネッセホールディングスは2021年に介護・福祉業界の人材紹介や人材派遣を進めているプロトメディカルケアの株式譲受をし、ハートメディカルケアに社名変更して事業展開しています。

また、SOMPOホールディングスは2021年にソリューションやAI実装、運用プラットフォームの提供を行っているABEJAの株式21・9％を既存株主からの譲渡によって取得しました。これは資本業務提携の形です。

◎異業種企業による介護事業のM＆A

1990年に異業種から介護事業に参入したベネッセホールディングスや、ニチイ学館をはじめ、今もさまざまな業種の企業による新規参入が続いています。

警備業を主とする綜合警備保障は2012年にALSOKケアを設立し、介護事業に参入しました。

2014年に訪問看護、通所介護、有料老人ホームを展開するHCMを株式譲渡の形で譲り受け、2015年には緊急通報関連や訪問介護、デイサービス、グループホーム、福祉用具レンタル等を展開するアズビルあんしんケアサポートの株式譲渡を受けました。2016年にはグループホームや介護付き有料老人ホームを展開するウイズネットを、2018年には在宅療養者向け訪問医療マッサージを展開するケアプラスの株式譲渡を受けています。

さらに2022年には、老人ホームやサービス付き高齢者向け住宅、グループホーム、訪問介護、訪問看護等を展開しているALSOKジョイライフ、ALSOKライフサポートの株式譲受をし、着々と事業領域を広げています。

ほかにも、学習塾運営で有名な京進は2017年に有料老人ホームやサービス付き高齢者向け住宅を展開するシンセリティグループの株式譲渡によって介護事業に本格参入しました。

石油製造販売の出光興産は2021年に自立支援型デイサービスを展開するQLCプロ

デュースの株式譲渡を受けて介護事業に参入し、地域に根ざした経営を進める系列特約販売店の強みを活かした新規事業のビジネスを展開しています。

「四方よし」となるM&Aという選択

私が訪問介護ステーションを開所したのは日本で介護保険制度がスタートする2000年よりも前の1998年でした。当時の日本では、まだM&Aなどという言葉は一般的ではありませんでした。

開所には私の病院で人工透析を専門にやってきたことが関係しています。人工透析の患者の平均年齢は69歳前後で、介護はいずれ向き合わなければならない問題だと常々考えていました。実際に、患者には認知症の人もいました。

本来であれば、医療・介護・福祉がそれぞれ連携してサービスを提供できるような複合施設をつくるのが理想でしたが、近隣の病院と介護施設とが連携をとる形で進めることにしました。

介護事業の稼働状況としては、認知症のある人のためのグループホームは定員満床で、デイサービスも定員に達しており、介護事業は大きな赤字にこそなっていません。しかしどうしても不足する分が出ることもあり、そのときには医療分野の利益で補っている状況です。定員いっぱいまで利用者を集められたとしても、介護報酬の低さのために利益を上げにくいのです。

実際に、ほかの事業で介護事業の不足分を補うことは、大手を中心に行われています。この経験から、私はM&Aを考えるようになりました。経営に苦労していた小規模事業者はM&Aによって多くの事業資金を手にすることで資金力を確保することができます。買収する側は自分たちでゼロからスタートして運営するよりも、費用や手間を抑えて介護業界に参入することができます。利用者は慣れ親しんだ人や施設で介護サービスを変わらず受け続けていくことができ、働いている人の雇用を守ることもできます。M&Aは三方よしどころか、四方よしの結果となるのです。

私が最初のクリニックを開業したのは1991年でした。翌年には二つめのクリニックの開業を手掛けることになる過程で、個人開業のクリニックが施設の数を増やすには医療法人（社団）にしたほうが都合がよいことが分かり、手続きを進めて新たな法人の医療法人（社団）が産声を上げたのです。

STORY 1

資金難の介護付き有料老人ホームから突然届いたSOS
——入居率回復に挑んだ買収後の大改革

介護付き有料老人ホームを複数運営するAさんの社会福祉法人は、従業員の教育などに力を入れていなかったことから施設のマネジメントがまったくできておらず、結果的に複数施設で入居率が60％を下回り、資金難にあえいでいました。しかし、施設で働く若手職員たちのなかには、現状をなんとか打開しようという意欲のある有望な人材が複数存在し、施設の将来性や発展性がありました。買収することで資金難という問題をクリアしつつ、さらにマネジメントに手を入れることで入居率アップを達成できたのです。

突然届いたSOS

「施設の運営が大変厳しい状況で、このままでは閉じなければならなくなるかもしれません。この施設を終の住処と決めて暮らしている入居者のためにも、そんな事態はなんとかして回避したいのです。どうか手助けしていただけないでしょうか」

それは介護付き有料老人ホームを複数運営しているAさんからの悲痛な連絡でした。A

さんは私が千葉の医師会で働いていたころからの知り合いです。私が存続の危ぶまれた病院と提携することで閉院の危機を回避したことを知って、相談したいと連絡をしてきたのでした。

以前、私が提携した病院にB病院という総合病院があります。二代にわたって地域医療を支えてきましたが、戦前に病院を開いた先代が亡くなり、また兄弟も他界するにつれて経営が行き詰まっていました。病院は特定医療法人で、もしこのまま閉院になれば、資産は国に帰属することになってしまいます。免れるためには、ほかの医療法人が継承する必要がありました。

病院には内科・外科・整形外科がありました。建物の造りも立派で、医師が4人在籍し、病院スタッフもそろっていましたし、入院設備も十分に備えていました。病院と提携すれば、私たちのクリニックも、透析患者の症状が悪化してしまったときの入院の受け入れ先を確保でき、ほかの科の診療もできるので、継承で得られる利点は大きいと考えました。

病院側としても、これまで大切に守ってきた病院を残すことができます。互いにメリットがあり、話がスムーズに進んで提携が成立しました。

Aさんは、B病院の例は医療法人同士の提携だが、医療法人と社会福祉法人との間でも互いの利になる関係が築けるのではないかと考え、藁にもすがる思いで私のもとにやってきたのだと言いました。

話を聞いてみると、Aさんの運営する社会福祉法人は約40年にわたって関東で11カ所の施設を運営してきたものの、ここ数年は複数の有料介護付き老人ホームで入居率が60％を下回るような状況ということでした。

超高齢社会に突入し、お年寄りの数がこれまでにないくらいに増えているのと同時に、今、異業種からも事業者が介護業界に次々に参入しています。資金が潤沢にある大手企業の運営する新しくて設備も充実しており、しかもおしゃれで明るい雰囲気の介護施設に比べると、設立から数十年が経過した施設は老朽化も目立つようになってきます。入居率が

60%を下回るというのは、施設を運営していくうえでは深刻な状況で、このままでは倒産してしまう可能性もあります。

介護業界を見渡すと、Aさんのケースは珍しい話ではなく、近年は介護事業者の倒産が増えています。東京商工リサーチによると、2022年は1~9月で100件となり、前年の同時期を大きく上回っています。これは介護保険制度がスタートした2000年以降で過去最多の数字です。2021年にはコロナ関連の資金繰り支援効果があったために倒産件数はいったん減少したものの、2022年になると支援の効果が薄れ、デイサービス運営のグループ17社の連鎖倒産が起きたり、コロナ関連倒産が43件発生したりしています。

業種別に見ると、連鎖倒産が発生したデイサービスを含む通所・短期入所介護事業がいちばん多く、65件と急増しています。17件の連鎖倒産を除いて考えても、前年の13件から大幅に増えています。大手事業者との競争に加え、物価が上がったことなどによって運営コストが増えたことが影響していると考えられます。

倒産件数と業種別の割合

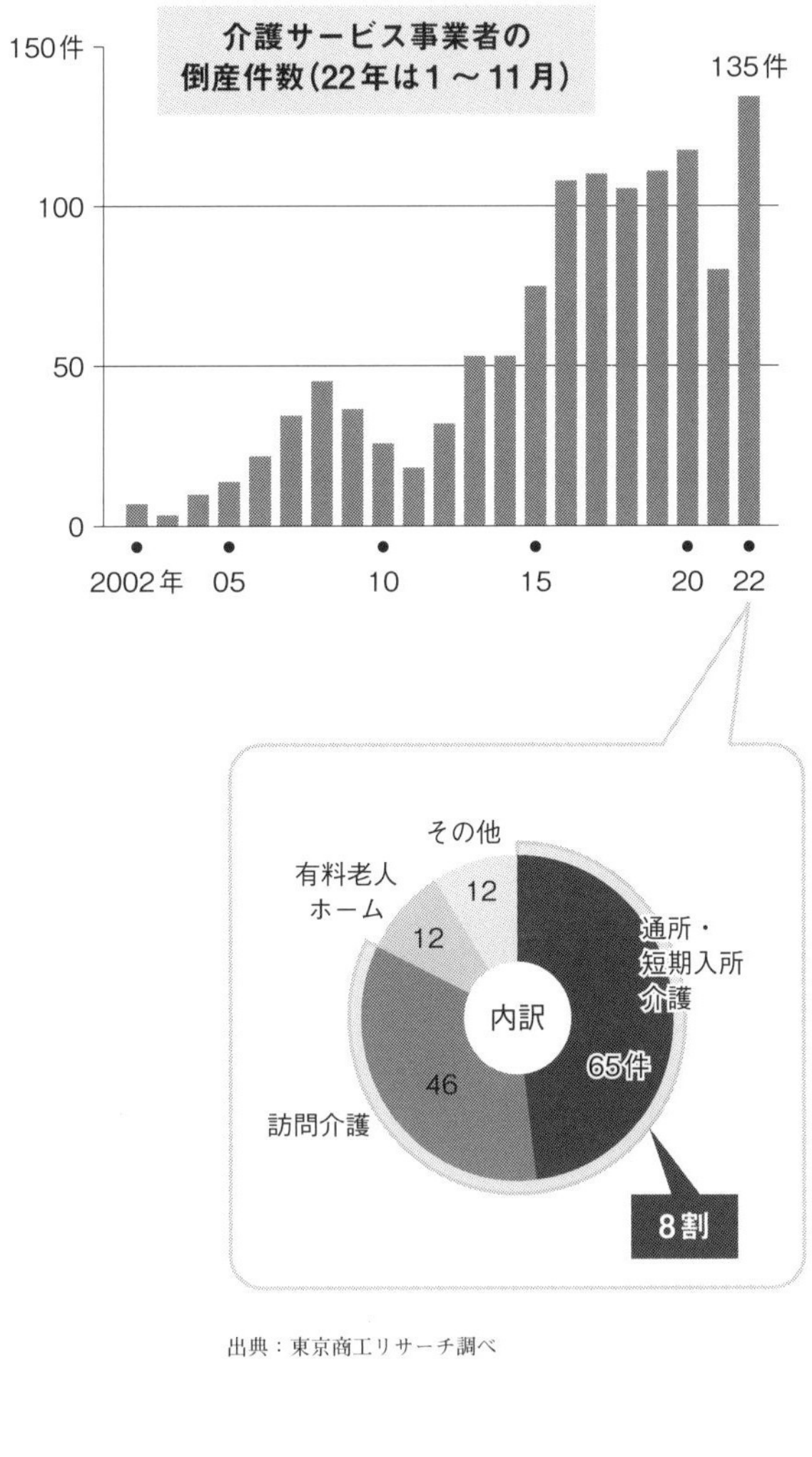

出典：東京商工リサーチ調べ

ヘルパー不足やコロナ感染拡大期の利用控えなどの影響を受けた訪問介護でも46件となっており、有料老人ホームも12件で、前年の2件に比べて増えており、コロナ禍の業績回復の遅れが尾を引いていることが分かります。

Aさんが経営しているのは有料老人ホームです。有料老人ホームは民間が運営する介護施設です。特別養護老人ホームは要介護3以上でなければ原則、入居できなくなっていますが、有料老人ホームは施設によっては要介護や要支援の認定を受けていない人でも入居することができます。そのため特別養護老人ホームは入居までに何年もかかるケースがありますが、有料老人ホームでは即日入居できる場合もあります。また、営利法人を中心とした民間企業が運営しているので、入居費用は特別養護老人ホームよりは高くなることが多いです。

有料老人ホームの種類には次の三つがあります。

◎介護付き有料老人ホーム

特定施設入居者生活保護という介護保険サービスが利用できる。食事、生活支援、健康管理、生活相談、アクティビティ、介護が受けられる。

◎住宅型有料老人ホーム

入居者が必要な在宅介護サービスを選択し、契約する。食事、生活支援、健康管理、生活相談、アクティビティが受けられる。

◎健康型有料老人ホーム

原則として介護が必要になったら退去しなければならない。食事、生活支援、健康管理、生活相談、アクティビティが受けられる。

このうち、Aさんが経営に苦しんでいたのは介護付き有料老人ホームです。

有料老人ホームの種類

		有料老人ホーム		
		介護付き	住宅型	健康型
入居一時金		0～580万円	0～21万円	0～1億円
月額利用料		15.7～28.6万円	9.6～16.3万円	12～40万円
施設の特徴		介護度に応じて低額で介護サービスが受けられる	入居者に合った介護サービスを選んで利用する	自立した健康な高齢者が余生を楽しむための設備が充実している
入居条件	自立	△	△	○
	要支援1～2	△	○	×
	要介護1～2	○	◎	×
	要介護3～5	◎	○	×
	認知症	◎	○	×
	認知症重度	◎	△	×
	看取り	◎	○	×
	入居のしやすさ	○	○	△

出典：みんなの介護

食事の提供はもちろん、快適な生活環境を維持するためには光熱費もかかります。介護をするうえでは介護用品も必要になります。食事を提供するための食材にかかる費用や光熱費、介護用品などは値上がりしているのに、価格転嫁が難しいという事情があります。Aさんの施設に限らず、今、苦しい状況におかれている施設は少なくありません。

人手はきちんと確保できているのだろうか。職員の給与はきちんと支払えているのだろうか。このまま放っておいては施設の入居者は安心して暮らせる居場所を失ってしまう……。

介護付き老人ホームは入居者にとって終の住処で、安心して暮らせる場所であるべきです。大切な家が経営の都合によって失われることがあってよいわけがありません。そう考えて、私はひとまずAさんの話を聞いてみることにしました。

ボトルネックを徹底調査

まずは、なにが原因でこのような危機的状況に陥ってしまったのかを調査する必要がありました。資料から財務状況を調べたり、立地に問題はないのか、周辺の介護施設がどのような状況なのかを調査したりしていきました。実際に施設に出向き、案内してもらうなかで、入居率が低下してしまった原因がどこにあるかを探っていきました。

このとき、私は似たようなケースを思い出していました。それは過去に提携したBクリニックです。

Bクリニックは幕張新都心方面にある内科を中心とした病院でした。幕張新都心は、千葉県千葉市美浜区に広がる、千葉港の第5区に面した計画都市です。商業施設や住宅、教育文化施設などが計画的に配され、施設を結ぶ歩行者デッキや、都市計画道路、首都高速道路（湾岸線）・東関東自動車道などが通っています。当時、高層マンションが次々とできて、多くの人が集まってきていました。人が集まれば、医療機関も必要になります。周辺には次々と新しい病院が開院していました。

Bクリニックは古くから地域医療を担ってきた病院でした。理事長から助けてほしいと言われた時、私たちの法人にとっては新たな地への展開となるため勇気のいる決断でした。しかし、Bクリニックは20年以上にわたって地域の医療を支えており、経験を積んだ優秀なスタッフがいました。ハードの面では新しくできた病院に比べて見劣りしても、人というソフトの面での強みを活かして、経営状況は見事にV字回復を果たすことができたのでした。

Aさんの施設の場合も、立地が悪いわけではありませんでした。にもかかわらずなぜ入居者が集まらないのかと問題の根本を探っていくと、Bクリニックとは違った問題が見えてきました。マネジメントがしっかり機能していなかったのです。Bクリニックでは人という面での強みがあったのですが、Aさんの施設では人こそがボトルネックになっていたのです。

買収という形で、Aさんの施設には資金が入るので、資金面での危機はいったん回避されます。しかし、なにもしなければ同じことの繰り返しで、あっという間に経営が苦しくなってしまいます。施設を守るためには、マネジメントに大きく手を入れる必要があり、大変な改革になることは目に見えていました。それでも、入居者の生活を守り、職員たちの雇用を守るためには今すぐにやらねばと私は立ち上がることにしたのです。

マネジメントに課題を抱える介護業界

介護業界は人の力で成り立っています。個々の人の力を最大限に活かすためには、マネジメントがうまくいっていることが必須です。マネジメントがうまくいっていなければ、1＋1が2になるどころか、マイナス1にもなり得ます。

マネジメントがきちんとできていない職場では職員のモチベーションが高まりにくく、パフォーマンスも落ちてしまい、離職につながることもあります。逆に、的確なマネジメントができている職場では目標が明確で、職員も目標に向けて努力しやすい環境ができます。

介護の現場では、マネジメントの経験があっても介護のことは知らない人が管理者となっていることもあります。しかし、介護の現場を十分に経験し、介護現場の特性をよく理解した人がマネジメントを担うことができれば、よりスムーズな組織運営が可能になります。

介護の仕事に就く人の多くは、高齢者とのやりとりや支援を通し、喜びややりがいを感じます。多くの場合、一対一のやりとりの蓄積から生まれます。そういった経験を積み重ねるごとに、介護のスキルは上がっていきます。勤務年数が増えてスキルが身についていけば、リーダー的な役割を期待され、後輩から頼られる立場にもなっていきます。

ところが、昇進を打診されても、喜んで応じる人ばかりではありません。人事管理的な仕事を苦手だと感じる人も多く、昇進よりは現場で働き続けたいという人も少なくありません。

そういった人が、管理職に対するモチベーションが低いままにリーダー的なポジションを担うと、本来ならうまくいくはずの現場も、ギクシャクし始めます。本人にとっても、やりたくない仕事をやらされている感覚になりやすく、苦手な仕事をやらねばならないという精神的な負担も背負うことになります。

介護職に就く人は相手の気持ちを繊細に汲み取ることが得意です。その長所が過剰に働いて、部下の気持ちを必要以上に気にしてしまった結果、現場を仕切れないということも起こります。

Aさんの施設では、施設長が長年働いているベテラン職員の意見に押され適切なマネジメントができず、現場の人間関係のトラブルを招いていました。人こそが重要な介護事業で、人間関係がうまくいっていなければ介護の質にも影響します。マネジメントが機能しないため介護の質を下げ、施設の評判を下げ、入居率の不振につながっていたのです。

的確なマネジメントができる人材が不足しているのは、Aさんの施設に限らず、介護業界全体の課題です。国も課題を把握しており、介護福祉士の教育内容の見直しにも取り組んでいます。

介護福祉士のカリキュラムには、次の5項目が2019年度から順次導入されています。

（1）チームマネジメント能力を養うための教育内容の拡充
（2）対象者の生活を地域で支えるための実践力の向上
（3）介護過程の実践力の向上
（4）認知症ケアの実践力の向上
（5）介護と医療の連携を踏まえた実践力の向上

チームマネジメントを学ぶことに充てられる時間は30時間から60時間へと大幅に増加しました。今後、組織の運営管理や人材管理、リーダーシップの取り方を学んだ介護福祉士が現場に出てくるようになります。

しかし、そういった教育を受けた介護福祉士が施設長として活躍するようになるまでには、まだ少なくとも数年は待たなければなりません。私たちは今すぐに目の前の課題に対処しなければならない局面におかれていました。Aさんの施設は、まさに待ったなしの状況だったのです。

マネジメントを担う人たち

介護現場でマネジメントを担うのは、次のような立場にある人たちです。

◎チームリーダー

現場で一緒に仕事をする単位でのマネジメントにあたるのがチームリーダーです。プレイングマネージャーとなることが多く、介護福祉士が仕切り役を担うことが期待されます。

業務内容や人間関係も含め現場の状況をよく把握できる人がチームリーダーに就いてマネジメントができれば、一人ひとりのスタッフが力を十分に発揮できたり、助け合ったりすることができて業務が円滑に進みます。逆に、チームリーダーが現場のスタッフをマネジメントできなければ現場は混乱し、離職者が続出するなど、サービスの質が低下します。

◎施設長

介護施設の責任者で、一般的に施設長、または施設管理者・責任者などと呼ばれます。介護施設全体を管理し、施設利用者が介護サービスを滞りなく利用できるようにします。医療機関やケアマネージャーとも連携が必要になります。

施設長が適切なマネジメントをできなければ、現場との間に摩擦が生じ、施設の運営に致命的な支障をきたします。

◎サービス提供責任者

介護施設の責任者を施設長などと呼ぶのに対して、訪問介護事業所の運営責任者はサービス提供責任者と呼ばれます。サービス提供責任者はホームヘルパー（訪問看護員）のマネジメントにあたり、ケアマネージャーの作成したケアプランに基づいた介護サービスがスムーズに提供できるようにします。施設長と同様、医療機関やケアマネージャーとの連携も必要になります。

◎エリアマネージャー

介護福祉法人や企業が複数の介護事業所を運営している場合、複数の拠点をマネジメントする存在として、エリアマネージャーがおかれることがあります。

このなかでも、特に介護の最前線を担うチームリーダーには介護者としての能力やスキルはもちろん、介護技術の指導者としての指導力や、介護に携わる他職種との連携や、現場をより良く改善していく力も必要になります。

介護人材の機能とキャリアパスについて

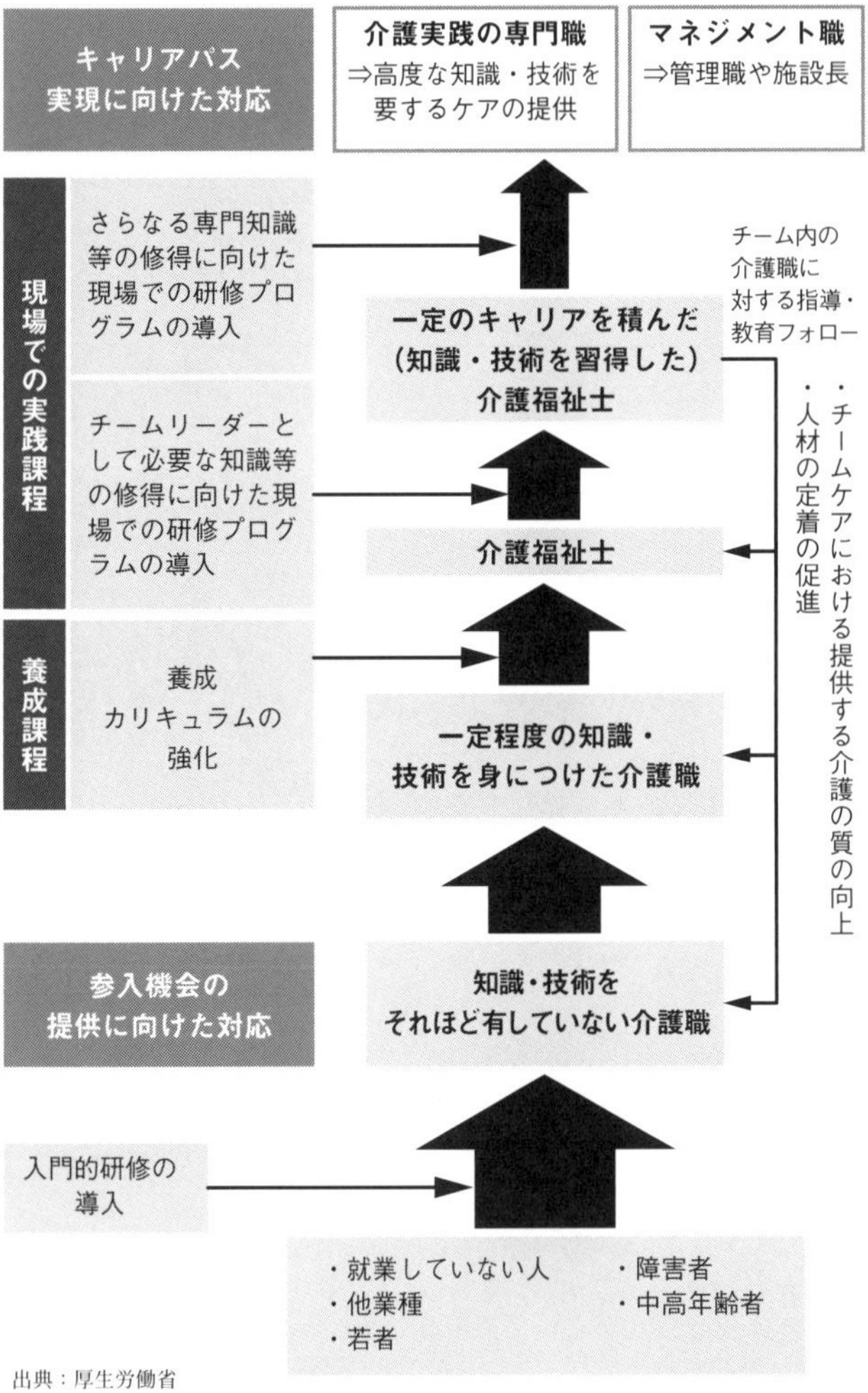

出典：厚生労働省

Aさんの施設は、長年勤めているベテラン職員の発言力が強過ぎることが問題でした。物腰が柔らかく人の良い施設長は、ベテラン職員の迫力に押されがちでした。若手の職員が現場の問題を改善するために新たな試みをしようとしても、ベテラン職員の鶴の一声で、すべて却下されてしまう状況でした。

ベテラン職員が今までこうしてきたのでと言って同意を求めてくると、周囲の職員たちは顔色をうかがって従うしかありません。これまでに反論した挙句に職場にいづらい状態に追い込まれ辞めていったスタッフを数多く見てきているからです。

現場を少しでも良くしようと提案をしても潰されてしまうことが続けばモチベーションが下がり、やる気があった職員も諦め、より良い条件で働ける職場を求めて辞めてしまいます。後に残されるのはベテラン職員にへつらう人ばかりになります。せっかく若いスタッフが入ってきてもなじめずにすぐに辞めてしまい、常に人手が足りない状態で現場を回さなければならなくなっていました。

そんな状況だったので、職員の教育も当然のように場当たり的でした。介護の仕事は専門性を必要とする高度なものです。しかしこの施設は未経験歓迎の求人を出していたのにもかかわらず、未経験で入職した人が知識や技術を身につける機会がきちんと用意されていなかったのです。

分からないことがあれば聞いてくださいという指導をされても、人手が足りていないなかで走り回っている先輩職員は十分な対応ができません。介護の仕事が未経験のスタッフが、基本的な知識や技術がない状態で見よう見まねで介護に当たると、トラブルや事故が起きるリスクも高くなります。

介護職はただでさえ人とコミュニケーションを取る機会がとても多い仕事です。利用者はもちろん、利用者の家族や、仕事を進めるうえで同僚はもちろん、他職種のスタッフとのコミュニケーションも重要な役割をもちます。そのため、マネジメントのうまくいっていない職場では、仕事にまつわる人間関係にストレスを感じやすくなります。

離職した人の約７割は介護の仕事が好きと回答

**Q.　ご自身が介護職を離職した際の経験について、
当てはまるものを次のなかから選択してください。**

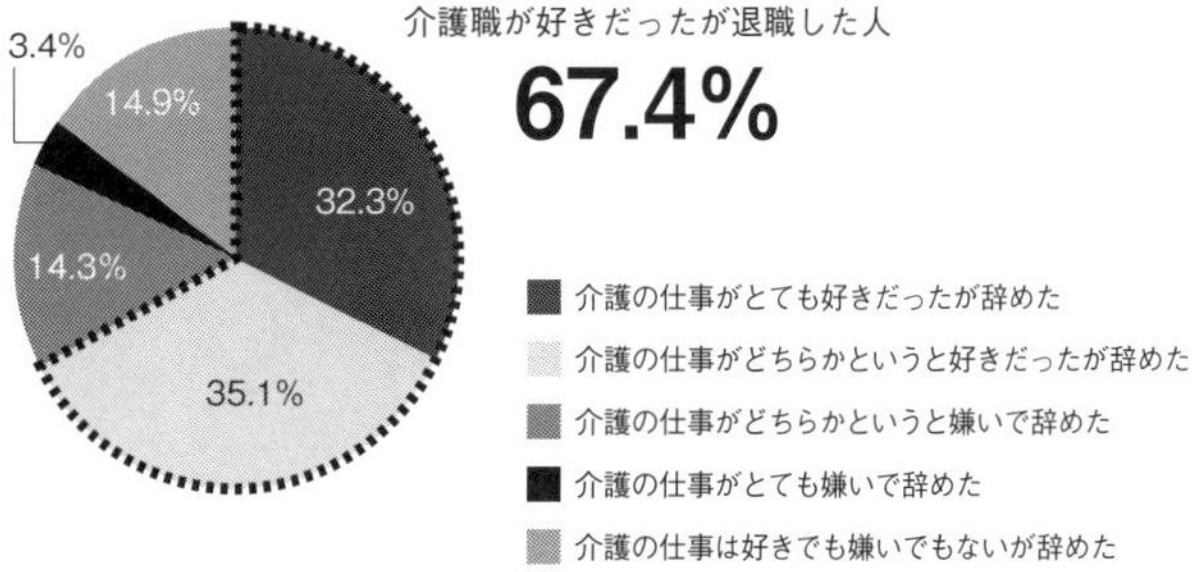

出典：TSグループ「介護職の離職に関する実態調査2020」

介護職の離職経験がある人を対象とした調査（TSグループ「介護職の離職に関する実態調査２０２０」）によれば、離職者の約７割が「介護の仕事は好きだが離職した」と回答しています。さまざまな調査で離職の理由の上位に「職場の人間関係」があるように、人間関係が原因で介護を離職してしまう人が多いのが現実です。

介護現場ではスタッフとの人間関係だけでなく、利用者との人間関係でもストレスを受けることがあります。例えば、認知症患者である利用者とのコミュニケーションでは、暴言を受けることもあります。そういった場面で適切なアドバイスやフォローができるマネージャーがいるかどうかは大きなポイントです。

Aさんの事業所の現場を注意深く観察してみると問題意識をもって職場をより良いものにしていこうと試行錯誤する若い職員たちの姿も見えてきました。居心地の良い職場とはいえないであろう環境で、なんとか現場を引っ張っていこうとする優秀な職員の姿に私はこの施設の明るい未来を見ました。

リーダーの教育こそが法人全体のパフォーマンスを上げる

私自身、医師であると同時に病院の経営者として職員の教育に力を入れてきました。1991年にクリニックを開設し、今では3つの病院と16の介護施設・36事業所を擁するグループに育ちました。その過程で、私がもしトップダウンで一方的に方針を押し付けようとしたとしたら病院の経営はうまくいかなかったと思います。それぞれの部署のリーダーが自分たちで部署の方針を考え、その提案に対して私が納得できたらゴーサインを出す方法でやってきました。

そういった形での経営をするには、各部署のリーダーが自分の頭で考えて、相手を説得するように説明できるような教育が必要です。私の法人では各部署のリーダーや幹部候補生には全員に経営学のセミナーを義務づけてきました。

具体的には、あるコンサルタント会社が開いている半年間の経営セミナーのコースについて、必須項目と定めた講座については必ず受けてもらいました。それ以外は任意で自身の興味に応じて自分で選択して受講するというやり方です。仕事に活かせそうだと感じた講座を自由に学べるようにしました。

選択肢からどんな講座をどれだけ受けるのかは本人に委ねているので、人によっては短期間で集中して終える人もいれば、仕事の合間を縫ってコツコツと通う人もいます。

病院としての方針を示し、自主性に任せた教育システムをとることで、法人のチームリーダーたちのなかで「自分も経営側の人間なのだ」という意識が高まります。そうすると、自然と視野が広くなり、組織全体を見渡して物事を考えられるようになったり、患者やその家族のためにという責任感を抱いて積極的に仕事に取り組んだりするようになります。

そして、自分たちで部署の目標を立て、それを達成していく過程で成長し、新たな壁にぶつかったとしても自信をもって立ち向かうことができるようになっていきます。

リーダーたちが仕事を通してそういう姿勢を見せると、部下も良い影響を受けて、自分もいずれはあんなリーダーになりたいと考え、次の世代が育ってきます。

このように、チームリーダーの教育に取り組むことは、チームという小さな単位でのまとまりを生みます。さらには、法人としてすべての部署が同じ理念を共有することで、全体が一丸となることができます。

私が長年にわたって経営してきたのは病院です。医療と介護とを比較したときに、介護現場には特有の難しさがあります。その一つが、無資格のベテランと有資格の若手職員がほぼ同じ業務を担うことがあるという点です。

最新の知識を学んできた若手の有資格者と、現場での経験から独自のやり方を身につけてきた無資格のベテランとではどちらがより適切な介護を提供できるのかは、入職したばかりの新人職員にとっては判断が難しいところです。教えてくれる人によって指導内容が異なれば、新人職員は誰の指示に従えばよいのかと混乱します。

Aさんの施設のように、最新の知識をもっている有資格の若手よりも、介護の現場で経験から独自のやり方を身につけてきた無資格のベテランの声が大きいことは往々にして起こりがちです。そうすると、リーダーがないがしろにされて、声の大きいベテランの意見が優先されることになります。現場に問題が生じていても、これまでどおりのやり方を守ることが優先されて、それが放置されることにもなりかねません。

長年勤めてくれる職員がいるというのはありがたいことではありますが、現場の停滞を招いてしまっては改めなければなりません。

停滞を防ぐ方法としては、特定の職員が長く同じポジションに留まらないようにするやり方があります。具体的には、施設間での異動やジョブローテーションをしていくのです。そうすることで特定の人の発言が力をもち過ぎてしまう事態を防ぐことができます。これは一法人一施設という規模の場合には難しいのですが、M&Aによってグループが大きくなればなるほど異動やジョブローテーションの機会をつくることができます。M&Aの相手が近隣のエリアであれば、人手が足りない時にグループ内で融通し合うこともできるようになり、人手不足の解消にも一役買うのです。

Aさんの施設は、まずは人員の配置を工夫することにしました。そのうえで、まだやらなければならないことがありました。それはマネジメント側の事務作業の負担を減らすことです。私の目には、マネジメントを担う職員が、事務作業に手間と時間を必要以上に取られているように見えました。効率化を図って、リーダーたちがスタッフのマネジメントに力を注げるようにしていく必要がありました。

目の前の業務に追われる現場の負担を軽くする

介護の現場でのマネジメントには次のようなものがあります。

〈日常の業務に関するもの〉

・職員のタスク管理　・勤務シフトの作成　・スタッフとのコミュニケーション
・介護記録のチェック　・消耗品管理　・労働環境の日報の管理
・リスクマネジメント管理　・緊急対策マニュアルの作成
・業務内容見直しの検討・提案　・行事の企画・開催

〈スタッフなどの教育〉

・ＯＪＴでのスタッフへの指導　・研修の企画・実施
・介護インターン・ボランティア等の受け入れ

〈利用者などへの対応〉

・利用者への応対　・利用者家族との面談、問い合わせへの応対

・介護サービス内容見直しの検討・提案

こう列挙してみると、現場のことはもちろん、バックオフィス業務や利用者の家族への対応やスタッフの教育など、幅広い業務を担当することになります。人員が足りていないなかで回していくには大変な業務量です。そのため、業務の効率化を図ることは多くの介護施設が抱える課題でもあります。

煩雑な事務作業に労力を取られると、本来力を入れるべきスタッフの教育が後回しになったり、利用者らへの対応が疎かになったりしかねません。煩雑な事務作業といっても、内実を見てみると、今までどおりのアナログな方法を踏襲しているせいで、必要以上の時間がかかっているように見えることがありました。

グループのノウハウを活かした業務の効率化

私はもともと理数系や機械に強いタイプだったうえに、インターネットにも早くから興味をもっていました。自分の病院でも世間に先駆けてグループウェアを導入し、それぞれの施設とのネットワーク化を進めてきました。

ただ、私自身、いくら興味があるといっても、システム構築は自分一人ではできません。そこで専門のシステムエンジニアを採用し、患者データや文書の管理はもちろん、法人システムの開発や運営を任せました。法人では5人のシステムエンジニアが活躍していて、これまでに私が、こんなことがしたいと希望を伝えればすぐに応えてくれました。

基幹システムの設計や管理、ネットワークシステム、セキュリティ対策など、高度な知識をもって担ってくれるエンジニアが、法人グループにはいるのです。

Aさんの施設ではシステムを入れてはいたものの、十分に使いこなせているとはいえない状態でした。ＩＴ技術を使えば、事務作業や管理業務の効率は飛躍的にアップします。Ｍ＆Ａによって、介護施設単体では得られなかった専門性をもった人材との交流ができることで、今まで後回しにされてきたような業務の改善も可能になります。

時間的に余裕ができれば、教育体制を整えることにも時間や労力を割くことができます。

マネジメントできる人材を育てる

介護の現場でマネジメントをしていくうえで、私が重要だと考える能力やスキルは次の五つに集約することができます。

・指導力・育成力　・把握力　・リーダーシップ・統率力　・コミュニケーション力
・介護についての専門知識

◎指導力・育成力

介護の仕事はチーム単位で動くこともあり、チームのパフォーマンスを上げるためには、部下を適切に指導し、育てていく必要があります。

◎把握力

チーム長であればチーム全体の、施設長の立場であれば施設全体の状況を的確に把握する力が必要になります。状況を把握したうえで、どのように仕事を進めていくのか、どのように担当を割り当てるのかなどの判断をすることになるからです。

◎リーダーシップ・統率力

リーダーと一口にいっても、いろいろなスタイルがあります。いずれにせよ、目標を適切に設定し、メンバーをまとめて目標が達成できるように導く力が必要になります。リーダーがメンバーのモチベーションが上がるようにすることは、サービスの質の向上にもつながります。

◎コミュニケーション力

コミュニケーション力は介護の現場でも必要ですが、マネジメントをしていくうえで部下とのコミュニケーションが大切なのはいうまでもありません。マネージャーという立場は、法人としての方針を部下に分かりやすく伝える役割も担います。

◎介護についての専門知識

現場では不測の事態が起きます。介護に関する専門知識がないと、適切な判断が下せないことになりかねません。リスクマネジメントの面でも、専門知識が必要です。

利用者の家族の信頼を得たりするうえで、介護の知識や経験に裏打ちされた対応ができるかどうかは重要です。目の前で起きた事態に冷静に適切に対応するためにも、介護の知識と経験は欠かせません。

介護についての専門知識以外の能力は、介護の実務だけをしていても身につきません。介護福祉士のマネジメント能力を強化するためのキャリアアップ研修が開催されています。公共の研修もあれば民間もあります。リーダーとして見込みのある人材にこういった研修を受けてもらうというのも一つの手です。

主な介護福祉士向けキャリアアップ研修には次のようなものがあります。

・介護職員チームリーダー養成研修（主催：各自治体）
・介護福祉士ファーストステップ研修（主催：公益社団法人 日本介護福祉士会）
・認定介護福祉士養成研修（主催：一般社団法人 認定介護福祉士認証・認定機構）

介護の現場で働いている職員はキャリアアップにあまり興味がないという人も少なくありません。そんななかにも、同僚から頼りにされていたり慕われていたりして、マネジメントに向いているだろうと思える人材はいます。

適性のありそうな職員に研修への参加を勧めてキャリアアップの道筋を整えることは、本人も気づいていない能力を開花させることにもつながります。

私はAさんの施設で形骸化していたキャリアアップのための研修を見直し、将来のリーダーが育っていくように研修体系を整えていきました。同時に、法人グループ内のマネジメントが機能している事業所との人事交流を進め、現場で経験を積んでもらえる体制も整えていきました。

職員の意識に変化が起き始め入居率も回復

現場の意識が若手職員を中心に変わってきたうえに、外部から介護施設でのマネジメントに慣れている人物を施設長として採用できたという幸運も重なって、現場の雰囲気が明らかに変わっていきました。

今までベテラン職員の顔色をうかがいながら仕事をしていた職員たちも、入居者と向き合って、どうするのが最善なのかという方向で考えられるようになっていきました。さらに、これまで握り潰されていた改善の提案が実現に向けて動き出すようになり、職員はいきいきと働けるようになっていったのです。

問題だったベテラン職員については、人事交流の一環でほかの施設を経験する機会を与え、最初は渋々といった様子で転任しましたが、今までのやり方を改めることでどれだけ仕事がやりやすくなるのかということを目の当たりにし、仕事への向き合い方も変わったようでした。

施設の変化は、外部の関係者にも伝わっていきます。利用者の家族からは、以前はスタッフがもっとピリピリしていたけれど、最近若いスタッフが元気だという感想が聞かれるようになりました。変化は良い評判となって外部に伝わり、入居希望者も増加していきます。今、いきいきと働いているスタッフの姿を見ると、買収を決断してよかったと心から思います。

STORY 2

深刻な人手不足に陥っていた介護事業所
——事業買収で従業員の雇用と利用者の生活を守る

居宅介護支援などを展開していたCさんの介護事業所は5～6年ほど前から慢性的な人手不足を抱えていました。求人を出してもまったく反響がないのです。すでに入居している利用者の対応で手いっぱいになり、新規の入居者を断らなければならない状況に陥っていました。後継者育成に時間を割けないまま経営者自身も高齢になり、M&Aの選択を真剣に考えるようになったのでした。

M&Aの仲介業者からの連絡

始まりはM&Aを仲介する業者からの連絡でした。仲介業者が入ると、次の図のようなプロセスでM&Aが進んでいきます。

まずは譲渡を希望する法人と仲介業者との間で、買収に向けた実務が次のような手順で進みます。

M&Aの流れ

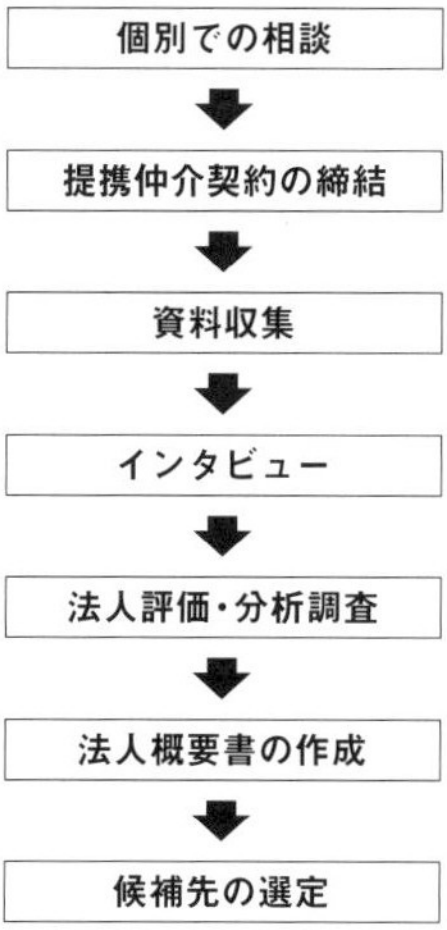

1. 専門機関へ相談

譲渡を考えるようになったら、まず専門機関に相談に行きます。普段付き合いのある会計事務所や、銀行・信用金庫といった金融機関のほか、M&A仲介会社もあります。最初の相談からM&Aが成立するまでには時間がかかるので、なるべく早く相談をするにこしたことはありません。情報が外に漏れないよう慎重に行動を起こします。

2. 提携仲介契約を結ぶ

専門機関に相談した結果、M&Aを進めるということになれば、M&Aを仲介してくれる仲介機関との間で提携仲介契約を結びます。契約では、次のような内容が定められます。

・仲介者が行う業務の範囲はどこまでなのか
・着手金と成功報酬について
・専任仲介契約　・直接交渉の禁止　・秘密保持について

仲介会社によって、仲介に掛かる費用は異なります。例えば着手金については最初の1回で済むところもあれば、毎月発生するところもあります。

多くは成功報酬をベースとした料金体系になっており、支払いはM&Aの決済が終わってからになるので負担は大きくないとはいえ、事前にきちんと確認しておくことが大切です。

M&Aを進めていくのには多くの時間と手間が掛かるもので、譲り受けしてくれる良い相手が見つかるまでには時間も掛かります。さらに、相手が見つかってからも、条件などを調整するためにたびたび話し合いの場を設けることになります。仲介業者に支払う日当や交通費なども、この段階できちんと確認しておく必要があります。

3．資料を提出する

契約を結んだら、譲渡側は法人の概要や決算・申告関連の資料を仲介会社に提出します。会計事務所に書類の提出を依頼するときにも、秘密の保持には細心の注意が必要です。M&Aをしようとしていることは伏せるようにします。提出が必要になる資料は膨大になります。実務を担当する人には負担が掛かりますが、仲介会社の指示に従って漏れなく提出します。

4．ヒアリング

資料をそろえていきながら、仲介業者は理事長へのヒアリングを行い、法人の強みや弱みを把握していきます。M&Aの交渉を進める段階になってから不都合な事実が発覚すると、まとまりかけていた話がキャンセルになることもあります。後ろめたいことがあっても、この段階ですべて包み隠さず話すようにします。

この段階でヒアリングされるのは次のような内容です。

・法人の沿革や特色・強み
・法人内のキーマンや役職者について
・エリア内でのシェアや競合について
・地域で果たしている役割
・抱えている問題やトラブルがないか
・書類には表れていない問題がないか

5．法人評価・分析調査

資料やインタビューから得た情報をもとに仲介会社が法人評価書を作成し、法人の価額を計算します。最終的な価額は双方の事情を加味して交渉しながら決めていくことになるので、これはあくまで目安です。

このタイミングで法人情報の資料が作成されます。仲介会社が譲受候補の法人に打診する際にはこの資料が使われますが、この段階ではまだ譲渡法人が特定できないような形で示されます。すべての情報が盛り込まれた資料は、秘密保持契約を結んだ譲受相手候補にのみ示されます。

6．候補先の選定

仲介業者がここまでに得た情報を参考にして譲受候補をリストアップします。リストをもとに仲介会社と譲渡側の理事長が打ち合わせて、候補に優先順位をつけます。譲渡側としては、業界での評判が悪かったり文化があまりにも違ったりする相手に譲渡したいとは考えないものです。優先順位にしたがって、仲介会社が譲受候補の法人に打診をしていきます。

Cさんの法人については、このようなプロセスを経て私の法人が譲受候補にリストアップされ、譲受側として問題ないとCさんが判断したので仲介業者からの連絡が入ったということになります。

Cさんが営んでいたのは小規模多機能型居宅介護事業所です。デイサービスとショートステイ、訪問介護の三つの機能がセットになっている地域密着型のサービスです。

小規模多機能型居宅介護を利用する側は、利用登録が必要になります。1事業所の登録利用定員は29人以下と定められています。さらにデイサービスと呼ばれる通いの定員は1日15人以下、ショートステイと呼ばれる宿泊は一日あたり9人以下と決められています。このような規模感であるために、利用者と職員に信頼関係が築かれつつ、利用者は自分の生活に合わせてサービスを選択して利用します。

要介護度に合わせた定額制となっているため、利用の仕方も人によってそれぞれです。例えば、朝に事業所へやってきて一日を過ごす人もいれば、食事だけを利用する人もいますし、入浴だけを利用する人もいます。

小規模多機能型居宅介護の説明

小規模多機能型居宅介護の定員（１日あたり）は以下のように定められています。

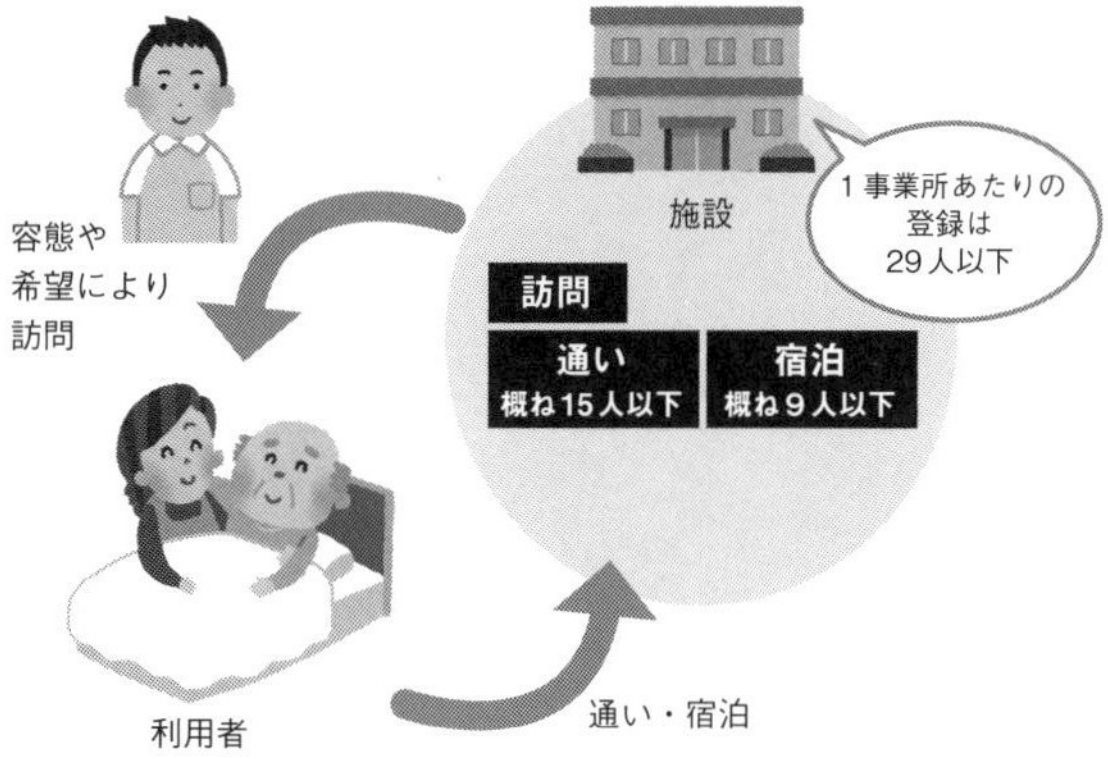

訪問サービスでも同様に、必要な時に必要なレベルの支援を受けることができます。身体介護はもちろんのこと、安否確認や服薬の確認などといった短時間の訪問もできますし、緊急時に職員が駆けつけることも可能です。日中に通所サービスを受け、そのまま施設に宿泊するという利用の仕方もあります。

小規模多機能型居宅介護事業所は利用者の生活に深く根づいています。利用者が自立した生活を送るために不可欠である事業所を、このままなくしてしまうわけにはいきません。この事業所はどんな事情でM&

Aを考えるようになったのか、経営はどのような状態なのか、どんな雰囲気なのか、この段階ではまだ情報が一切ない状態でした。しかし、この時私はすでに、なんとかできないものだろうかと考え始めていました。自分の住み慣れた場所で自立した生活を送っていくのに不可欠な小規模多機能居宅介護事業所がなくなってしまったら……。その事業所を頼りにしている利用者や家族のことを思えば見過ごすことなどできるはずがありませんでした。

資料を見て検討する

譲受候補である私は、まずは仲介会社から法人概要書の提供を受けました。概要書をもとに、これから話を進めるかどうかを考えるのです。この段階で提供される資料は法人が特定できないようになっているので、資料としては簡素です。ただ、少しでも可能性を感じるようなら、私は検討を進めることにしています。

検討を進める旨を仲介業者に伝えると詳細な資料が提供されることになりますが、これに先立って、秘密保持契約を結びます。

秘密保持契約を結んで詳細な資料を受け取る際には、情報が外に漏れないように細心の注意が必要です。そのため、M&Aに関わる人は最小限に抑えます。

私の場合は、理事長である私と、施設長のDさん、現場マネージャーのEさんの3人と決めました。仲介会社との連絡はEさんを通してのみに限定し一本化しました。

秘密を守るためには資料の保管に関しても注意が必要です。この件に関わる3人以外の目に触れることのないように、資料は鍵のかかるキャビネットに入れて厳重に保管しました。

受け取った法人提携提案書には、最初に提示された法人概要書よりも詳しい内容が記されています。法人名や所在地はもとより、次のような内容が盛り込まれています。

・法人概要
・事業内容

・理事長、理事、監事等
・各施設の概況
・人員構成
・不動産明細
・法人の特色
・エリアでの地位
・譲受法人が譲り受けた際に考えられるメリット
・3期比較決算書（比較貸借対照表・比較損益計算書など）
・譲渡条件の概要
・譲受方法の提案

これらの資料でまず私が見るのは、収益が上がっているか、赤字が出ていないかということです。赤字が出ていたとしても改善可能なものか、隠れている赤字はないかなどを見ていきます。資料を見たところ数字のうえでは大きな問題を感じませんでした。

仲介会社によると、経営者であるBさんが高齢になってきたことがM&Aをしたいと考える第一の理由のようでした。体力的にもきつくなってきたためにそろそろ引退したいが、後を引き継げるような人材がいないというのです。Bさんには二人の息子がいるものの、いずれも別の事業を営んでいるのだそうです。Bさんは無理に介護事業を継がせるくらいなら事業を畳むことも考えましたが、利用者や職員のことを考えてM&Aを決断したのだと聞きました。

健全な経営ができているにもかかわらず、後継者がいないという理由で事業所がなくなってしまえば、利用者はもちろん、そこで働いている人たちも困るに違いありません。このエリアに病院と連携のとれる介護事業所をつくりたいと考えていた私にとっては、すでにある事業所を承継できるのはありがたい話でした。

私が、この事業所を譲り受ける方向で話を進めようと思う、と告げると、DさんもEさんもうなずいてくれました。というのも、介護事業所を開設していく苦労は、二人ともよく知っていたからです。

事業をゼロから立ち上げる大変さを軽減できるM&Aのメリット

私が一つめの訪問介護ステーションを開所したのは1998年で、まだ介護保険制度がどうなるかも未知数の段階でした。個人的にも介護分野の勉強をしつつグループ内でも研究を進めて、介護と透析を合わせた施設を目指そうと考えていました。

その後、2004年と2014年に別の2カ所を開所し、2016年には介護付き有料老人ホームを開設しました。

人工透析が必要な病気にかかると、そこからずっと透析治療を受け続けることになります。年齢を重ねれば、やがて認知症を患う人も出てきます。そういった患者が私たちの関連施設で介護やデイサービスを受けられる体制を整えようと考えたのです。

介護業界のM＆A件数の推移

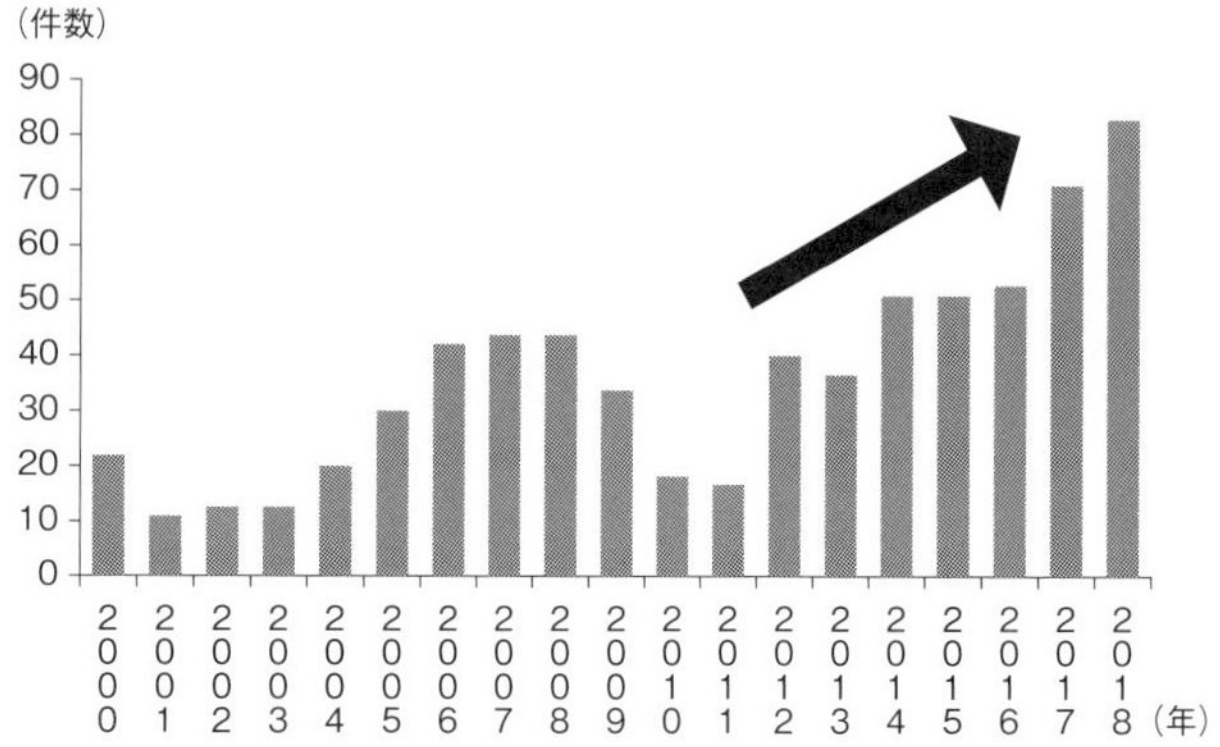

(注)発表日ベース。グループ内M＆Aを除く。
出典：大和総研「M＆A 動向に見る介護ビジネスの将来性」

介護施設をゼロからスタートさせるのには多大な費用と労力がかかることがよく分かっていました。Cさんの事業所を譲り受けることができれば、私としては開設時負担を軽くできるという大きな利点があります。

介護業界のM＆Aには、有料老人ホーム運営、訪問介護や通所介護などの介護サービスのほか、介護支援ロボット開発や介護用品製造、介護施設向け食品などの周辺事業も含まれます。リーマンショック後にいったん減少しましたが、２０１２年ごろから増加傾向にあります。

Cさんの法人のように、多くの中小企業で経営者の高齢化とともに後継者不在による事業承継のニーズが増えています。日本の企業の社長の平均年齢は1990年に54歳だったのが、2021年には60歳を超えました。経営者の高齢化は、介護業界も同じです。経営自体は順調でも、後を引き継ぐ人がいなければ経営を続けていくことはできません。

特に、介護業界では2000年の介護保険法が施行されたタイミングで事業を始めたケースが多いという事情もあります。当時40～50代だった経営者が今は60～70代となって、事業承継を考えている人が増えているのです。

こういった経営者は、M&Aを活用することで創業者利益を確保できる利点があります。M&Aでの売却価格では、営業権が加算されることが多く、社内承継や親族内承継で使用する相続税評価額での評価よりも高くなるからです。

ほかに、M&Aによって赤字事業や赤字になっている施設の切り離しをするということもあります。介護業界では、一つの法人がさまざまな介護サービスを展開していることも少なくありません。しかし、すべての事業が黒字になるとは限りません。どうしても赤字になってしまう事業について、その分野を得意とする企業にM&Aで譲渡するやり方もあります。

一方、既存の介護事業をさらに強化しようと考えている事業者や、新規に介護業界に参入しようとする買い手側にとってもM&Aはメリットがあります。その一つに、利用者や職員、ノウハウを引き継げるというメリットがあります。

私は最初のクリニックを立ち上げるまでに大変な時間と労力を要しました。開業を考えるようになったときは千葉大学の勤務医だったので、毎週末に不動産屋を訪れて物件探しに明け暮れました。人工透析の診療所を開くにあたって、近くに同様の施設があったのでは患者が集まりません。患者を集めるためには人の多い都市部がよいのですが、土地の坪単価は高くなります。土地探しだけでも4年の月日を要しました。

その後、建物をつくるにあたっても一苦労です。それまでに人工透析について経験を重ね、技術には自信がありましたが、「人工透析室」自体については意識したことがありませんでした。大学ではすでにそこにある設備を使っていましたし、国内のほかの病院でも海外に留学した時にも、そこにある設備をなんの疑問もなく使っていました。

しかし、一からつくり出すとなると、人工透析のベッドの高さはどれくらいが良いのか、治療をする部屋の広さや間取りはどうするのが使い勝手が良いのか、ベッドを移動させることを考えると扉の幅や廊下の幅はどれくらいとっておくべきなのか……。いざ考え始めると、漠然としたイメージはあったとしても、具体的な数字はまったく分かりませんでした。立地条件や方角、施設内の各部屋への通路なども含めて、細部まで検討を繰り返しました。理想的な図面が完成するまでに、試行錯誤に40回以上かかりました。

さらに人材を集めるのにも大変な思いをしました。この人だ！と思った人に声をかけては断られての繰り返しです。開業していないクリニックで患者が来るかどうかも分からない透析クリニックなのですから、募集をかけてもまったく反応もなく、スタッフはなかなか集まりませんでした。知人に紹介してもらった人に頼み込んできてもらったり、看護師の資格をもっているものの出産・育児で休業している人を探し出して臨時で来てもらったりするなど、開業に至るまでに多くの人の縁に頼って人材を集めることになりました。本当に開業まではハードルがいくつもあります。介護事業であっても同じです。

新規に参入を考えている事業者にとっては売り手のもつ介護サービス利用者や職員、サービスのノウハウをそのまま引き継げるのは大きなメリットとなります。

介護業界のＭ＆Ａでは、赤字事業を安価で引き継いで経営改善することで、初期投資を抑えて急速な事業拡大に成功している事業者もいます。

大手の事業者ほどＭ＆Ａを活用して事業規模や領域の拡大を行っています。もちろん、買収以外の手段でも事業を拡大していないわけではありません。しかし、もともと慢性的な人材不足である業界の事情は百も承知のうえですから、新規で人材を確保するよりはもうすでに介護事業を営んでいる企業をＭ＆Ａによって取得するほうが効率的な手段であると考えるのは自然な流れです。

例えば、在宅サービスを中心とした介護大手のソラストは２０１８年以降に、通所介護や居住系サービスの６社をＭ＆Ａで取得しています。居住系サービスを中心に展開している学研ホールディングスは２０１８年にグループホームのメディカル・ケア・サービスを子会社化しました。また、セントケア・ホールディングも２０１７年以降に訪問介護、訪問看護企業の2社の株式を取得しています。

このように介護業界の再編が進んでいる背景には、小規模な介護事業者の倒産があります。東京商工リサーチの調査（「２０２０年『老人福祉・介護事業』の倒産状況」）によれば、２０２０年の「老人福祉・介護事業」の倒産件数は１１８件で過去最多の件数です。業種別に見ると、「訪問介護事業」が最多の56件で、デイサービスなどの「通所・短期入所介護事業」が38件で、両業種だけで全体の8割を占めています。

倒産した企業を詳しく見ると、負債1億円未満が94件、従業員5人未満が79件、設立10年未満が65件となっていることが分かります。設立から数年の企業で、資金力があまりないような小規模事業者が大半を占めています。

このような規模の企業の倒産が増えているのは、介護のニーズが増えている以上に、競

老人福祉・介護事業の倒産件数

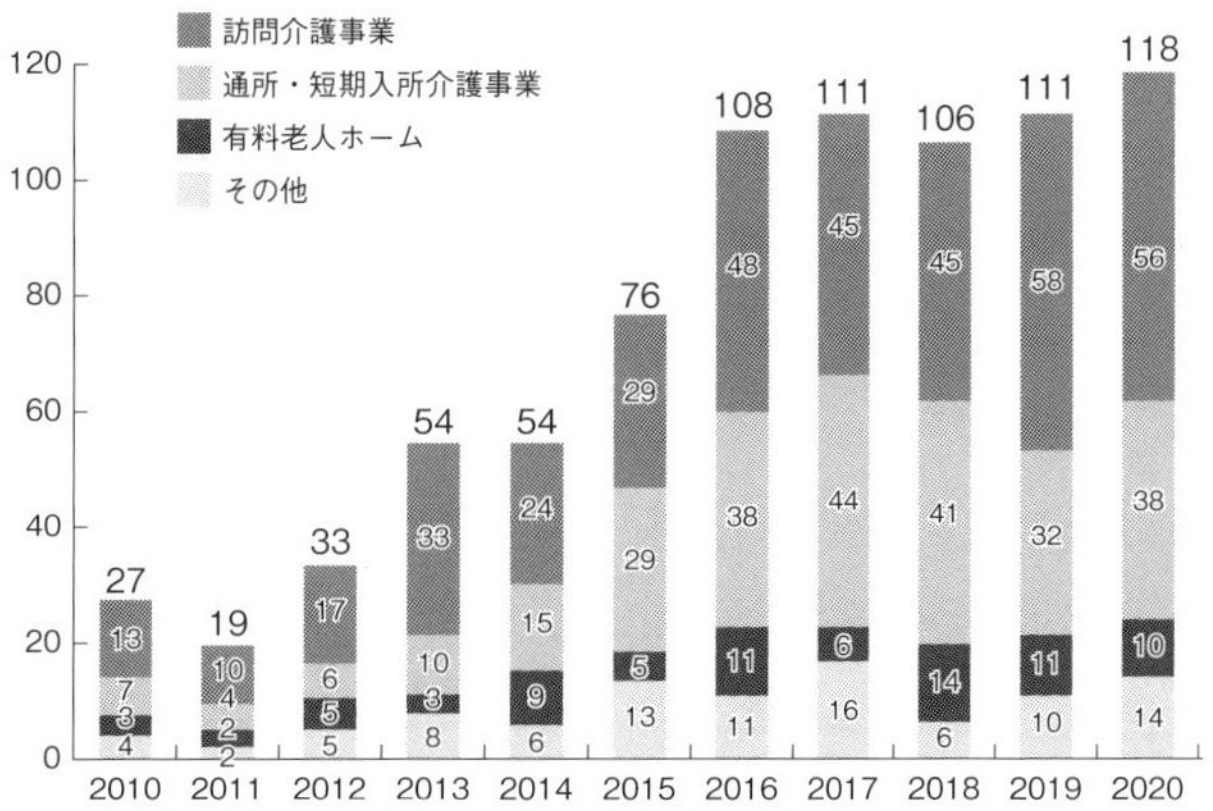

出典：東京商工リサーチ「2020年『老人福祉・介護事業』の倒産状況」

合との利用者獲得競争が激しくなっていたり、後継者や人手不足で事業の継続が難しくなっていたりすることの表れです。

しかし、小規模事業者であってもM&Aによって経営母体が大きくなることで、採用力が高まって人材不足を解消できたり、経営状態を安定させたりすることができます。つまり、譲受側はコストを抑えて介護事業を始めることができ、譲渡側は抱えていた問題を一気に解決できる可能性があるのです。

私たちの法人では採用サイトで看護師や医療技術職などとともに、介護職の求人を掲載しています。介護施設が単体で求人をするより、効率よく採用に結びつけることができます。

人口統計から介護ニーズの増加だけを見て介護は成長産業だといわれることがあっても、実際にはさまざまな課題を抱えてギリギリの状態でなんとか運営されている事業所が多くあります。そういった事業所を救い、日本の介護を守る方法の一つとして私はM＆Aをとらえています。

資料の数字以上に大切なのは「人」

Cさんの事業所を譲り受けようと決めたことを仲介会社に伝えると、仲介会社と私たちの法人との間で提携仲介契約を結ぶことになりました。その後、仲介会社から法人情報資料を渡されました。この資料によって、やっと譲渡法人の名称や詳細を知ることになります。この時に確認したのは次のような内容です。

◎運営状況について

それぞれの施設の状況、介護事業収入の明細、土地建物の用途・面積・構造など、仕入れ先の特性、引き継ぎ方法、収益構造の確認などをします。

◎財務・税務について

決算書については、直近の数年間の動きを見ます。業績の変化や不正はないか、財務リスクはないかといったことをチェックし、疑問点については仲介会社を通して明らかにしていきました。

◎人事について

組織図、理事長・主要役員・医師の経歴書、医師・看護師等資格者のキャリアや実力、職員配置表、給与台帳、院内規定、退職金掛金と現在の退職給付債務の算定、法人内の人間関係、法人内のキーマンは誰なのか、保険加入と解約返戻金、M&A後にきちんと職員が引き継げるかどうかなどです。私としては、今働いている職員にはM&A後も残ってほしいと考えていたので、これは重要なポイントでもありました。

◎法務について

定款や登記などを確認します。医療過誤や医療訴訟などがないか、債権債務に関する係争関係、労働問題・組合問題がないかなどです。そのほか土地の所有権、地主との関係、借地権等の権利関係などを確認します。

契約関係としては、不動産の賃貸借契約書、金融関係借入金残高一覧、リース契約書、保険契約、委託契約書、担保不動産明細、連帯保証明細、社員間協定、その他経営に関わる重要な契約書などを確認していきます。

◎許認可分野について

現況報告書、施設基準、補助金に関する書類、医療監視の報告書などを確認します。

細かく見ていくなら右に挙げたような内容を確認していくわけですが、私がなにより重視するのは人です。これは長年にわたって病院を経営してきた経験から得た教訓でもあります。信頼して任せられる人の存在がなければ、どれだけ財務状況が健全であったとしても私はM＆Aをしようとは思いません。

東京のオフィスで行われたトップ面談

書類上での確認作業を終えると、次は先方の理事長と実際に会うことになりました。M＆Aは秘密が漏れることは絶対に避けたいということもあり、東京にある仲介会社のオフィスで面談しました。

私はここぞというときのネクタイは金色と決めています。この日もお気に入りのスーツに身を包み、金色のネクタイを締めてオフィスに向かいました。

書類で法人のことは網羅的にチェックしていました。理事長はどんな人柄なのだろうか、どんな考え方をする人なのだろうと考えながらオフィスに向かいました。

互いに経営方針や理念を話せば話すほど、共感できる部分が多いことが分かりました。相手の話を聞くと同時に、自分の方針も伝えました。

左ページに載せたのは、私がクリニックを開業した１９９１年11月11日に、14人のスタッフを前に話した際の、医療機関としてあるべき姿や私の医師としてのポリシーをまとめ直したものです。

Secureは確実にということです。医師として患者の命を預かる以上、最も大切なことだと考えています。

Speedyはすばやくということです。対処のスピードが患者の生死を左右することも多くあります。

Smartは賢くという意味です。患者の命を救うためには、一生懸命に考えて的確な診断

理念と5S

基本理念

Ⅰ：患者介護利用者最善サービス

Ⅱ：医療介護質的向上

Ⅲ：個人尊重

行動指針

全職員が一丸・同じ目標に向かい・

精一杯努力・具体的前進・組織継続を成す

上記の基本理念行動指針に従い、透析医療・介護を通じて、地域社会に貢献し
関わり合うすべての人たちとともに、明るく生きていける環境を広げたいと願っています

そのために私たちは5S(ファイブエス)を実行します

Secure
仕事は確実に
行います
Smile
笑顔ある環境を
創ります
Speedy
素早く
行動します
5 S
SPIRITS
Service
慈愛の精神を
大切にします
Smart
最良の判断で
治療します

をして行動することが必要です。手術や処置の際も同様です。

Smileは笑顔です。つらい思いをして不安を抱えている患者の気持ちを和らげるためには、我々が笑顔で迎えることがなによりだと考えています。笑顔は人の心を和らげるいちばんのコミュニケーション法なのです。

Serviceは、医療というものが患者に奉仕するサービス業であるということです。開業時からこの考えは変わりません。

この五つは、医療従事者だけでなく、全職員に引き継がれている大切なモットーです。Cさんともこれらのポリシーを共有し、互いの考え方を確かめ合いました。

オフィスの限られた空間の中で一回話したくらいでは、実際のところまでは分かりません。後日、事業所を訪問する約束をしてその日は別れました。

トップ面談の際に理事長との間で理念や考え方は共有できていましたが、事業所の見学をした際に実際に働いている人とも会話を交わすことができました。事業所を訪れると、理事長の右腕として活躍してくれている人だと事前に聞いていた人物が事業所を案内してくれました。案内してもらったのは短い時間でしたが、そのなかでも彼が実直な人柄であることが感じられました。また、私が質問したことへの回答も的を射たもので、能力の高さもうかがえました。それだけでなく、現場の職員への誠実な対応を目にして、私にはこの人がいれば、M&A後も大丈夫だ、と思えました。

事業所見学を終えると、次は譲り受け条件の交渉になっていきます。ここで出資持分譲渡価額を決めていきます。仲介会社から交渉の基準となる価額を提示され、そこからお互いの事情を加味しながら調整していきました。このケースでは理事長が高齢ということもあり、先方から老後資金のことを考えるとこれくらいの金額でお願いしたいという提示がありました。こちらで用意できる資金との折り合いがついて、比較的スムーズに交渉は進みました。

理事長はM&Aの成立と同時に退職することになっていたので、価額の一部を退職金として支払うことになりました。この方法をとると、退職金にかかる税金が優遇されているので税率が低くなります。譲受法人である私の法人が支払う金額は同じですが、譲渡法人の税引き後の最終手取額を多くすることができます。また、退職金は損金となりますので、譲受法人の法人税を低くすることもできます。

条件の交渉が済むと、基本合意契約の締結となります。一般的に、この段階までは譲渡法人は2~3法人と交渉を進めています。実際に、このケースでも複数の法人とやりとりをしていたようです。しかし、基本合意契約の締結以降は一つの法人との交渉になっていきます。

一般的に、譲渡側は最初にリストアップされた10~20法人から、マッチング先を5~10法人程度に絞り込みます。そこから商談を開始して手応えのある打診先を絞っていき、提携仲介契約を結ぶのが2~3法人です。基本合意契約を結び、買収監査を経て最終商談に至るのは1法人となります。いくら私が買いたいと思っても、先方が売りたくないと考えればM&Aは成立しません。このケースでは互いに理念や考え方を共有できたことで、交渉はトントン拍子で進みました。

基本合意契約でM&Aの条件がまとまると、その後に買収監査が入ります。もし買収監査の結果と基本合意契約の基礎となった前提条件とに食い違いがあった場合は、その部分の条件を調整して最終契約をまとめます。以前に提出された決算書などで負債が漏れていたり、医療機器や備品が壊れていたりなどがあれば、その箇所のみを調整するわけです。ここで重大な食い違いが見つかると、M&Aの話自体がキャンセルになるということもあり得ます。このケースでは大きな問題なく進んだので、ほっと胸をなで下ろしました。

基本合意契約を結んでからは、仲介会社の作成したスケジュールに沿って、譲渡側と譲受側とで連携する作業も増えてきます。買収監査、仮決算、理事会、社員総会など、スムーズに進めていくには、互いに進行がリンクしていく必要があります。このケースでは理事会や社員総会を開くことのできる時期なども十分に考えながら基本合意契約以降のスケジュールを決めていたので、滞りなく進めることができました。

買収監査も済み、いよいよ最終契約に向けての交渉が始まりました。ここで価額の最終決定ということになります。この段階で問題としてもち上がったのが、理事長用の別荘をどうするかということでした。

こちらとしては、法人の運営に直接関係のないものなので不要です。ただ、交渉の過程で理事長からこんな話が語られました。

「法人を運営していくなかでは、必ずしも良いときばかりではありませんでした。信頼していた職員が離れてしまったときもありました。一時的に経営が苦しくなったときもあります。でも、そのたびにこの別荘に来て暖炉の火を眺めていると不思議と心が落ち着いてきて、また頑張ろうと思えたんです。あぁ、それから法人を立ち上げたばかりの頃、職員と一緒にバーベキューをした思い出もありましてね……」

これまでに理事長から個人的な話をされたことは一度もなかったのですが、ひとたび話し出すと次々と思い出が溢れてくるようでした。

正直なところ、別荘は譲受法人である私たちにとって今後の法人運営に必要はありません。しかし、理事長にとっては数々の思い出の詰まった大切な別荘だったのです。

私は、理事長にこの別荘はこのままもっていてはどうかと提案しました。別荘については、正当な時価で評価したうえで退職金の一部として現物支給してはどうかと考えたのです。提案を聞いて、理事長の表情がパッと明るくなりました。

身を粉にして運営してきた法人を譲り渡すのは、ただでさえつらいものです。さらに、自分にとって癒やしの場であった別荘も手放し、しかもその後は売却されて誰の手に渡るかも分からないのは、身を切られるように悲しいことだったのではないかと思います。

理事長は、何度もお礼を言いながら深々と頭を下げました。その時私は、理事長の心の内を垣間見た気がしました。

これまでの交渉によって取り決めた内容をもとに仲介会社が契約書案を作成します。契約書に盛り込めない内容については覚書や確認書といった形で明文化します。理事会や社員総会を経てついに調印式にまでこぎつけました。

このケースでは仲介会社の会議室で調印式をしました。契約書を読み合わせ、捺印し、対価の授受がありました。その後、双方の法人の理事長が挨拶を行い、記念写真を撮影しました。

先方の理事長の晴れやかな顔を見て、良い形で契約をまとめることができてよかったとほっとしました。この件に関わって、膨大な事務や細々とした調整に走り回ってくれたDさんとEさんの満面の笑みを見て、心の底から感謝の気持ちが湧き上がってきました。

反響のない求人広告と後手後手になる入居者のケア

M&Aは契約を交わして終わりではありません。譲受側にとっては、ここからがスタートといっても過言ではありません。

この事業所では5年ほど前から慢性的な人手不足に陥っていました。介護業界全体が人手不足なのですから人材がそう簡単に集まるはずがありませんが、ここは求人広告を出してもほとんど反響がない状況が続いていたのです。一人ひとりの職員の頑張りによって人手不足をカバーして運営されていましたが、誰かが倒れたら現場が回らないようなギリギリの状態は、法人として健全とはいえません。

ここまでの人手不足を招いてしまった原因の一つとして考えられるのは、より高い給与で募集をしている施設が近隣にあったということでした。介護事業は介護保険と税金から成り立っています。介護スタッフの給与アップは常に議論になりますが、財源をどうするかということになるとなかなか話が進みません。そのため、国が定める介護報酬の急な大幅アップは期待できないのが現実です。つまり客単価を上げることは期待できないということです。

ではなぜ、近隣の施設ではより高い給与を提示することができていたのかというと、客単価を上げられないなかで売上を上げるには、客数を増やすしかありません。競合施設ではインターネットやSNSを駆使することでサービスの質をアピールし、客数を増やすことに成功していたのです。ブログで利用者のいきいきしている様子を積極的に発信したり、YouTubeチャンネルを開設し、どんな人たちが働いているのかが分かるような動画を次々とアップしたりしていました。そういった施策が功を奏して、利用希望者が集まり、利用者数を増やしていたのです。それと反比例するかのように、Cさんの事業所では利用者が減っていたのでした。

利用者数が増えてスタッフ数を増やしても、上がるのは人件費だけで家賃などの固定費は上がりません。売上から人件費を差し引いた利益はすべて営業利益になります。しかも、定員が倍になったからといって、人件費が倍になるわけでもありません。増えた利益を給与や賞与に回せば、採用条件が良くなりスタッフが集まるようになります。人手不足が解消できればサービスの質が上がることにつながります。施設の雰囲気が良くなり、離職を防ぐこともできます。優秀な人材が定着すれば、さらにサービスが向上するので利用者が集まり、また売上が上がるというわけです。

しかし、人手が足りなければ、逆のことが起こります。人手不足なうえに採用活動が思うように進まなければ、スタッフの負担は増え、職場の雰囲気は悪くなります。離職者が増えれば、さらに人手不足は深刻になります。

人手が足りなければ、利用者へのケアは後手後手に回ります。人手が足りないなかで、みんなが無理をしながら仕事を回していれば、介護スタッフの心身にストレスがかかり、職場の雰囲気も悪くなってしまいます。そうすると離職者が相次ぎ、現場ではいよいよ仕事が回らなくなってしまいます。

経営状態を改善するには一人でも利用者を増やさなければならないのに、この事業所では人手不足のために、ついには新規お断りという苦渋の決断を下すまでに追い詰められた時期もありました。

優秀な人材を集めるための工夫

優秀な人材を確保する大変さは、私もクリニックを開業した時に実感しました。看護師の多くは女性ですし、受付や事務の職員も女性の比率が高くなります。今でこそ、共働きの世帯が増え、出産後も働き続けるというのが当たり前のようになってきていますが、私がクリニックを開業した当時は、まだ結婚や出産を機に仕事を辞める決断をする人も少なくありませんでした。

クリニック開業にあたって看護師を集めるのは苦労した思い出があります。知り合いの医師に紹介してもらったり、結婚や出産で家庭に入った元看護師に復帰してもらえるようにお願いしたりと、当時できることはすべてやりましたが、ゼロから人材を集めることの大変さは骨身に染みています。

その時には、まだ子どもが小さいのでとか本当は仕事に復帰したいけれど保育園に預けられなくてとかいうように断られることが多くありました。優秀な人材が、本人は働きたいと思っているのに働けずにいるならばどうしたらよいだろうと考えを巡らせ、私が実行したのは院内に保育施設をつくることでした。私がハローキッズクラブという保育施設を開設したのは１９９５年のことです。

専任の保育士を採用し、院内で子どもたちの保育を始めました。待機児童が社会問題化したことをきっかけに国が動いて保育の受け皿も増え、企業内保育所も増えてはいましたが、当時は子どもを保育園に預けられずに働くのを諦めていた女性が多くいたのです。

看護師の数が足りない一方で、看護師の国家資格をもっているのに働けない女性がいる。しかも本人に働きたい意思があるのに、能力やスキルを活かせないのはもったいないことだと私は思います。これは今の介護業界に関しても同じことがいえます。

一つめのハローキッズクラブは東金《とうがね》市のクリニック内に、その後、八日市場《ようかいちば》にも二つめを開設しました。幼い子どもを育てながら働く職員にとって、職場から離れたところに子どもを預けるよりも、なにかあればすぐに駆けつけられるクリニック内に預けられる安心感は大きかったようです。保育施設を開設して以降、予想以上に人材が集まるようになりました。しかも、子どもが成長して保育の必要がなくなってからも、長く私の法人グループで働いてもらえるようになりました。

今は千葉県内での待機児童問題はそれほど深刻ではなくなったこともあり、ハローキッズクラブは閉鎖し、代わりに保育費用の補助を出すシステムにしています。子育て中の職員が現在は約20人おり、それぞれ希望する保育園に預けることができています。勤務時間や日数、預ける子どもの人数などに応じたポイント制としており、保育費全額を賄える程度の補助を出しているので、せっかく働き始めたのに給料がほとんど保育料に消えていくというような事態にならないような仕組みになっています。

医療だけでなく、介護も女性の多い現場です。その時代の社会状況に合わせて仕組みを柔軟に変化させせながら、安心して働ける環境を整えることが大切だと私は考えています。

グループ全体での求人で人手不足解消を

これまでと同じやり方を続けていては、人手不足を解消することはできません。グループとしてのノウハウやスケールメリットを活かしての求人活動を展開することにしました。

求人を出す媒体を変えたり、文言を工夫したりすることでも、求人広告に対する反応が変わってきました。グループ全体としての福利厚生も充実していることや、子育て中でも無理なく働けることもアピールするようにしました。

求人の出し方を変えたことで応募してくれる人が増えて、そこから採用にも結びつくようになりました。新たな職員を採用することができるようになると、これまでギリギリの人数で頑張ってくれていた現場にも少しずつ余裕が生まれてきます。もちろん、最初は新しく入った職員の教育に時間や手間を取られることもありますが、数カ月もして軌道に乗ってくると職場の雰囲気も変化してきました。職員たちに笑顔が増えてきたのです。その変化は利用者や利用者の家族にも伝わります。そこから口コミが広がっていきました。

人員に余裕が出たことで新規の利用者を受け入れることもできるようになっていたので、利用者数も増えていきました。それは給与にも反映されます。より高い給与を提示できれば、求人活動はさらにやりやすくなります。応募者が事業所を見学に来た時に、職員や利用者がいきいきと過ごしている姿を見て、魅力を感じてくれるようにもなりました。

新しく採用した職員に写真を撮るのが得意な人がいて、日々の様子が写真とともにブログにアップされるようになりました。利用者の心からうれしそうな瞬間を切り取った写真を目にすると、この事業所が消えてしまうようなことを防げてよかったと思います。職員が目の前の業務をこなすだけでなく、自分の得意なことを活かして工夫しながら楽しく働いている姿を見るとうれしくなります。

職員と利用者の幸せを守る

M&Aは職員の幸せを守ることにもつながります。M&A後も職員がいきいきと働けるように私が考えていることは、職員のやりたいことを尊重するということです。

かつては人手不足でギリギリで回していた現場が、今ではそれぞれの職員が自分の得意なことを活かして工夫できる余裕があり、いきいきと働いている。それは結果として利用者の幸せにつながり、事業所の発展にもつながります。職員から新たな提案があればそのチャレンジを応援し、良い結果が出れば一緒に喜びます。

距離的に離れている分、気軽に連絡をできるような関係性を築くことを心がけています。コロナ禍で実際に会う回数が減ってしまった分は、Zoomなどで顔を見ながら話をすることで補ったり、なにかあればメールでもよいので気軽に連絡してほしいということを常々伝えたりしています。そのため、職員たちは良い知らせはもちろん、時には悪い知らせであっても、包み隠さずに知らせてくれます。私は職員たちに全幅の信頼を寄せていますし、職員たちも心を開いてくれるようになってきているのを感じます。

M&Aが成立したあと、Cさんは事業所の運営からは一切離れることになりました。今はお孫さんの成長を身近に見つつ、趣味を楽しむという穏やかな日々を送っています。長年苦労して守り続けた施設がなくなることなく、未来に向かって再スタートを切った様子を見て「志を同じくする人に事業所を託せてよかった」と話してくれました。

STORY 3

11施設を運営する
社会福祉法人が直面していた後継者不在問題
——〝燃え尽き症候群〟の理事長を救った事業承継

特別養護老人ホームやケアハウスなど11施設を経営していたFさんは医師でもありました。日勤での診療や当直などもこなし、休みなく働き続けたことにより法人の経営に燃え尽きたような状況に陥っていました。経営状況に問題はなかったものの、後継者も不在だったために譲渡を決断したのです。M&Aには3年の月日を要しましたが、丁寧なやり取りのうえで信頼関係を構築し、譲渡後も職員の継続雇用を実現しました。

燃え尽きた理事長

ある日、20年来の付き合いのある税理士法人から連絡が入りました。介護施設を売ることを考えているという人がいるので、会ってみませんかという知らせでした。税理士法人の担当者の仕事ぶりを私は以前から信頼していたので、彼の紹介ならば間違いないだろうと考えて、詳しい話を聞いてみることにしました。

介護施設を売ることを考えているという社会福祉法人の理事長Fさんは60歳手前の男性

でした。医師として病院を経営しながら、特別養護老人ホームやケアハウスなど11の施設を運営していました。親の代から30年以上続く介護施設を引き継いだのだといいます。普段は自分の病院にいて、現役の医師としての診察や宿直もしていました。当時、子どもの受験に向けての勉強の面倒も見ながら、施設運営にも全力投球している状況だという話でした。

実際に会ってみると、Fさんは生真面目な人で、仕事もプライベートも精力的に頑張っているという印象でした。日中の仕事に加えて自宅では自分の時間よりも家族との時間を大事にするという具合でした。そんな生活を送るうちに、知らず知らずのうちに心身に相当なストレスがかかっていたのではないかと思います。施設を案内してもらっている時に、Fさんが部下を厳しく指導している場面に遭遇したこともあります。自分を厳しく律しているのと同様、他人にも高いレベルを求めていたのです。

会って話を聞いているうちに、私の目には、Fさんはこのまま走り続ければ燃え尽き症候群のような状態になってしまうのではないかと映りました。オーバーワークはいうまでもなく、仕事も子育てもすべて完璧にこなそうとして、自分を極限まで追い詰めているように見えたのです。

予感は不幸にも的中することになります。Fさんは施設運営に関わる日々のプレッシャーに加えて身内の不幸が重なり、張り詰めた糸が切れてしまったかのように気力を失ってしまいました。これ以上、走り続けられなくなってしまったのです。この施設は理事長が強いリーダーシップで率いてきたため、すぐに後を引き継げる後継者もまだ育っていませんでした。このまま施設を閉じるということになれば、利用者は慣れ親しんだ施設を離れざるを得ません。職員たちも職場を失うことになってしまいます。そんな事態は防がなければなりません。

後継者不在でハードの老朽化も

Ｆさんも経営者として後継者の育成を考えていなかったわけではありません。自分自身が親の施設を引き継いで10年目のことです。まさかこんなに早く、次に引き継ぐ必要が出てくるとは予想していなかったのではないかと思います。しかも、自分がなんとかしなければという責任感に突き動かされて目の前のことに全力を尽くしていくなかで、後継者の育成はどうしても後回しになっていました。

２０００年に介護保険制度がスタートしたタイミングで、介護施設の数は一気に増えました。その当時は、現在よりも介護報酬が高かったため、多くの企業も参入しました。その当時開業した人たちの多くが、そろそろ引退のタイミングを迎えています。

しかし、現在では介護報酬が当時よりも低くなり、競争も激しくなっています。自分が引退して子どもに後を継いでもらおうと考えても、なかなかうまくいかないのが現状です。子どもは就職して自分のライフスタイルを確立していることもありますし、独立して別の事業を営んでいることもあります。親が苦労するのを近くで見ていると、あえて大変な思いをしてまで事業を引き継ごうとは考えない人もいます。後継者不足で困っているのは、Fさんだけでなく、介護業界全体が抱えている問題でもあります。

また、2000年頃に建てられた介護施設の多くが大規模修繕の時期を迎えています。Fさんの施設も例外ではありませんでした。2013年に改正された建築物の耐震改修促進に関する法律では「病院、店舗、旅館等不特定多数の人が利用する建築物および学校、老人ホーム等の避難に配慮を必要とする人が利用する建築物のうち大規模なものなどについて、耐震診断を行い報告することを義務付けし、その結果を公表する」となっています。Fさんの施設は現状では収益は赤字になってはいませんでしたが、これから先を担っていく後継者がいないなかでの借入金による大規模修繕は難しいものがあります。

現在、超高齢化社会に入った日本では、介護事業に乗り出そうと考えている異業種の企業も少なくありません。しかし、ゼロから介護事業に参入するのは初期費用の点でハードルが高い状況です。都市部では特に用地の確保にも苦労しますし、行政の手続きも煩雑です。そういった企業に声をかけてM&Aによって施設を存続するのはM&Aをする側もされる側にとってもメリットが大きいのです。

事業継承をする際には、主に次の四つのパターンに分かれます。

一つめは自身の子どもや家族等に引き継ぐ「親族内での承継」です。Fさんの場合は、この形で親から事業を引き継ぎました。自分で事業を立ち上げた場合には特に思い入れも強く、血のつながった家族に引き継ぎたいと考える人も多いものです。身内であれば人柄もよく分かっていますし、比較的スムーズに引き継ぎやすいといえます。

ただ、直前までまったく畑違いの仕事をしていたり、経営スキルが身についていなかったりする場合は、引き継いだ後に苦労することになります。親族内での承継を望むなら、早い段階から経営ノウハウも含めて引き継ぐ準備をしていくことが必要になります。

二つめは信頼できる職員を後継者とする「従業員承継」です。生え抜きの職員を後継者にしたり、有望な人材を引き抜いてきたりして後継者として育てるやり方です。施設の方針や状況をよく把握できている状態で引き継ぐことができるので、スムーズに引き継ぐことができます。

三つめはほかの企業などの第三者へ引き継ぐ「他社への承継」です。いわゆるM&Aで、私はこの形でFさんから事業を引き継ぎました。M&Aによって事業を譲渡すれば、売り手は買い手から譲渡金という形でキャッシュを受け取ることができます。借入金がある場合は返済に充てることもできますし、これを元手に別の事業への投資を行うという使い方もできます。

ただ、親族や職員とは違ってお互いに理解し合うために時間や手間が必要になります。トップ面談や施設見学などを通して、買い手の企業に事業への理解を深めてもらったり、事業所の方針などを理解してもらったりする必要があります。

そして最後の手段は「廃業」です。つまり、事業を閉じるということです。職員は職場を失うことになりますし、利用者の方々は次の行き先を見つける必要が出てきます。M&Aであれば、車両や備品・設備などは引き継げることが多いですが、これらの資産は処分することになり、売り手の手元に残るお金がわずかになることもあります。

福祉業界で働く人には、「人のために」を優先し過ぎて、自分のことが後回しになり、心身をすり減らしていく人が少なからずいます。目の前に施設の利用者や入居者がいれば、情も移り、この人たちのために自分が頑張らなければと自身を奮い立たせて限界まで走ろうとする人もいます。

そういう人たちの姿を見ていると、M&Aという売る側も買う側も幸せになれる選択肢があるのだということが当たり前のようになるようにと思わずにはいられません。

水面下で進むM&Aのプロセス

M&Aの準備はひっそりと進みます。私がFさんの施設を訪れた時も、FさんがM&Aを考えていることは、職員には伏せられている状態でした。当時、案内してくれた施設長のＧさんが明かすには、私と同時期に数名が見学に来たようです。Ｇさんは、それまでの見学者がどこの誰なのかは一切知らされないままでした。先方も名刺を渡す素振りすらなかったのに対して、対面するや否や名刺を差し出して名乗った私がとても印象的だったそうです。

私はこの時に案内してくれたＧさんとの会話のなかで、こんな優秀な人がいるならこの施設は大丈夫だと買収することを密かに心に決めていました。その後、ＧさんはＦさんからＭ＆Ａをすることを告げられることになります。Ｇさんは当時の様子を次のように振り返ります。

「理事長は普段は病院のほうにかかりっきりで、介護施設のほうへ顔を出すことはほとんどありませんでした。何か用事があれば電話で呼び出され、医局の前で理事長をお待ちするというのが常でした。呼び出されて行っても急な用事が入ることもあり、時には何時間も待たされることもありました。しかし、その日は様子が違っていました。病院近くの理事長の自宅で待つように言われたのです。もしかして、どこかお体の具合でも悪いのだろうかと不安に思いながらもご自宅に向かいました。私が到着するとすぐに理事長がやってきて話を切り出しました。法人を譲り渡すことにしたということ、誰かに聞かれてはならない話なので自宅に呼んだのだということを淡々と話されました。その後、割烹料亭に誘っていただき、夕ご飯をごちそうになりました。普段、理事長の厳しい面ばかりに接してきましたが、この日ばかりは私に労いの言葉をかけてくれました」

譲受側の目に見えないところで、譲渡側の理事長はさまざまな思いを抱えています。情報が漏れてはならないので、これまで大切に守ってきた事業を他人に委ねるという重大な決断を自分一人で下すことになります。Ｆさんのケースでは医師としてのハードワークのうえに初めてのＭ＆Ａが重なり、心身ともに相当な負担が掛かったであろうことは想像に難くありません。

頼れる右腕であるＧさんにＭ＆Ａのことを告げることができたこの日、理事長は肩の荷が下りたような気持ちになったのだと思います。ただ、Ｇさんにとっては青天の霹靂《へきれき》でした。理事長の気持ちを受け止めつつも、Gさんの頭は次のアクションに備えて動き始めていました。料亭での食事を終えたGさんの頭はフル回転でこれからのことを考え出していました。M&Aをするということを聞いて、感傷に浸ってばかりいるわけにもいきません。これからの実務が動き出すなかで、どんな仕事が必要になってくるのだろうか、職員にはどのタイミングでどのような方法で伝えればよいのだろうかということで頭はいっぱいになっていました。

Gさんはこの後、実際にM&Aのさまざまな実務に関わっていくことになります。矢継ぎ早に「この資料を出してほしい」といったリクエストがあり、ゆっくり休む余裕もなかったといいます。また、利用者やその家族に混乱が起きないように、利用者の家族への説明にも言葉を尽くしました。経営母体は代わるものの、利用料や受けられるサービスに変わりはないということ、働いている職員は全員そのまま働き続けるということを伝え、利用者の家族の不安を取り除いてくれました。

結果的に、Gさんが見事な手腕を発揮し、職員をはじめ利用者の家族に至るまで動揺なくM&Aが進んでいきました。

手続きに3年を要する

当初はM&Aが成立するまでには3～6カ月を想定していましたが、このケースでは実に3年の月日を要しました。譲渡側は大切な法人を譲り渡すわけですし、事情があって手放そうとしているのですから、条件に慎重になるのも当然です。私からも説明を尽くしました。

最初に施設を訪問した時点でこれは良い組織だと感じていたので、正直にいえば早く決めたいというのが私の本音でした。

また、M&Aは秘密が漏れないように限られたメンバーで進められますが、スケジュールが長引けば長引くほどほかの職員にM&Aの動きを察知されるリスクが出てきます。情報が漏れたわけではなくても、要職についている人たちが複数そろって頻繁に出かけたり話したりしている姿から何かあるのではないかと誰かが察知すれば、噂はあっという間に広まります。場合によっては職員の離職などにつながる可能性もあります。準備や交渉にかける期間を短く済ませれば、外部への情報が漏れる可能性が低くなるので、こういったリスクも減ります。短期間で成立させるには、譲渡側が次のようなことを行うとスムーズに進みやすいです。

・期間を明確に決める
・必要資料を事前に準備する
・M＆Aに関する知識をあらかじめつけておく

◎期間を明確に決める

まずは、いつまでに譲渡したいのかをはっきりとさせることです。そのうえで、仲介会社等に伝えます。期間を決めずにM＆Aを進めていくと、どうしても各手続きにかかる時間は長くなりがちです。

ただ、期間内に成立させることが先行して、思うような成果が得られないのでは本末転倒です。期限を決めつつも、ある程度の柔軟性をもちながら手続きや交渉を進めるのが得策だといえます。

◎必要となる資料をできるだけ準備しておく

Ｍ＆Ａではさまざまな資料が必要になります。話が進んでいく過程で、決算書類や契約書などをはじめ、規定や勤務表などありとあらゆる書類を提出しなければなりません。これらは膨大な量になります。こうしたＭ＆Ａにおいて欠かせない資料を、検討段階から準備しておくことも期間を短縮するためには役立ちます。

というのも、資料がそろわなければ譲渡側の法人の価値を算出したり企業概要書などを作成したりといったプロセスで必要以上に時間が掛かってしまうからです。これも進行が遅れてしまう要因になります。

◎M&Aに関する知識を事前に知っておく

M&Aを検討する段階で、M&Aの実際の流れなどの知識をつけておくと、先の見通しが立つのでM&Aの進行がしやすくなります。特に譲渡が初めてであれば、先に全体の流れをしっかりと把握しておくと、交渉などもやりやすくなります。

Fさんのケースでは、最終的な条件を詰めていく際に時間を要しました。法人同士で条件に折り合いをつけていくのには、それぞれの事情もあるので簡単なことではありません。しかし、この3年という月日は私たちにとって必要な年月だったと思います。十分に話し合って進めたことで、時間がかかっても納得のいく形で成立させることができたからです。お互いに納得ができればM&A後の組織運営もしやすくなります。どうしても短期間で決めなければならないような差し迫った事情がない限り、納得できるまできちんと話をするほうが長い目で見ると良いのではないかと私は考えています。

病院と介護施設との連携が抱えていた課題

私がこの介護施設を買収しようと考えるようになったきっかけは税理士事務所からの勧めでした。ただ、実際に買収を決断する時のいちばんの決め手になったのは、優秀なスタッフが活躍していたということです。特に、全体を取りまとめてくれている施設長のGさん、そして事務長のHさんはすばらしいリーダーシップを発揮して施設を切り盛りしていました。

Fさんの法人は人材に恵まれており、介護施設内のマネジメントはうまく機能していました。人間関係についても問題は見当たりませんでした。ただ、私が気になったのは病院と介護施設との関係でした。

この介護施設は近隣にある同法人の病院と連携をとりながら介護に当たっていました。入居者に何かあれば、病院での診察をお願いすることができます。また、病院からの紹介で入居者を獲得することもできるため、施設の入居率もまったく問題ありませんでした。

このように、一見何もかもうまくいっているかのようでしたが、介護施設側には不満が蓄積していたのです。介護職員がその不満を口にすることがなかったために、表面化していなかったというだけでした。

Fさんは病院と介護施設の両方を経営していたので、病院の入院患者が治療が必要な状態を脱してから介護施設に入所することができたり、介護施設の入居者に何かあった時に病院へ連れていったりといった連携をとることができていました。

ただ、病院と介護施設との間で、目に見えない上下関係が生じていました。それはFさんが医師という立場であり、軸足を病院のほうへおいていたことも関係しています。以前は退院することを直前に知らされて慌てて迎えに行ったり、急いで来てくれと言われたので駆けつけたら、そのまま2時間待たされたりといったこともあったそうです。介護スタッフも自分の仕事の都合があるわけで、なんとかならないものかとは思いつつも、病院というものはそれが普通なのかと諦めていたといいます。

M&A後、病院の院長には私と旧知の間柄であるIさんを招きました。温厚な人柄で人望も篤く、信頼して院長を任せられる人物です。Iさんが院長になってからは、病院と介護施設とを対等に見て、これまで介護施設側が不便を感じていたような問題を改善していきました。明生会グループの管理部門を担うMMG事業本部が間に入って、介護側の要望を病院側に伝え、解決に導いていったこともあります。これによって、介護施設の職員が改善を提案して良いのだという空気が生まれ、病院と介護施設との間で、より良い形での連携が取れるようになりました。

全職員の継続雇用を実現

Fさんの施設ではGさんが新たに入職したスタッフの教育を担っていました。手厚い研修はもちろん、その後のフォローまで行っていたのです。そのおかげで、優秀な職員が次々と育ち、さらに定着率も良いという好循環をつくり出していました。GさんやHさんを慕う職員たちがそのまま残ってくれ、M＆A後の施設運営をしていくうえで、ずいぶんと助かりました。この二人の存在に私はとても感謝しています。

M＆Aを検討する時、収益の状況や立地はもちろん大切な要素です。しかし、私が最も重視するのは「人」です。なかでもリーダーシップのとれる人材がいるかいないかは、その後の経営に大きな影響を与えます。

また、現場で働いている職員には、買収後も変わらず活躍してほしいと私は考えています。介護事業は「人」で成り立っており、なじみの職員の存在は、利用者にとってほかでは得難いものだからです。例えば、入浴の介助や排泄の介助などの場面を思い浮かべてみれば、介護する側とされる側に「信頼関係」が不可欠なのは想像に難くありません。認知症のある入居者の場合、その特性をよく把握している慣れた職員のほうが、介護する側にとってもされる側にとってもストレスが少なく済みます。

このケースでは全職員の継続雇用を実現することができましたが、情報の伝え方によってはうまくいかない場合もあります。

M&Aを進めていく途中の段階でどこかから情報が漏れるようなことがあれば、職員のなかに動揺が広がります。もしかしたらリストラされるかもしれないと考えて、いち早く転職活動を始める人が出る可能性もあります。しかし、理事長などのしかるべき立場の人からきちんと説明があれば、活躍している職員が抜けてしまうことを防ぐことができます。

このケースでは、GさんやHさんが現場の不安を取り除いてくれたこともあり、職員全員がそのまま残ってくれました。入居者や入居者の家族へも一人ひとり丁寧に説明してくれたおかげで、動揺が広がることもなくスムーズに進めることができました。

職員の立場からすれば、慣れている職場でそのまま働き続けることができ、私としても新たな人員の採用活動をする必要もなく、利用者の人たちも馴染みのスタッフから介護を受けられるということで、三方よしの結果となりました。

毎月会議に通ううちに訪れた変化

M&Aが成立してから月に1回、私は会議に参加するためにこの施設を訪れていました。議題となるのは、理事会に諮るほどではないレベルの課題です。私は医師ですので、病院についてはよく知っていますが、介護施設の現場のことはまだよく分かっていませんでした。片道1時間半かかるので往復で3時間の近いとは言い難い道のりでしたが、欠かさず参加し続けました。

当初、私を迎える職員の雰囲気がピリピリしているのを感じていました。こわばった表情に、職員たちの緊張している様子が見てとれました。後から分かったことですが、前理事長であるFさんはほとんど介護施設に顔を出すことはなかったのだそうです。Fさんは体格が良くて厳格な雰囲気を漂わせていたため、まれにFさんが現れると、現場の職員は常に緊張しながら接していたということでした。そのため、今度の理事長はどんな人なのだろうと戦々恐々としていたのだそうです。なぜわざわざ往復3時間かけてこの会議にやってくるのだろうと、様子をうかがっていたのだと思います。

あるとき、施設長のGさんからM&Aの窓口だったスタッフに、理事会に諮るほどではない議題について話し合う会議に、理事長が毎月参加するのは恐縮だと遠慮がちに連絡がありました。そのスタッフは私が純粋に現場の顔を見たいと考えていて、介護施設のことをもっとよく理解したいという一心だから気にしないように答えたそうですが、まさに私の気持ちはそこにあります。

会議に臨むにあたっては、事前に送られてくる50ページ超の資料に目を通し、職員たちの報告に耳を傾けました。そうやって毎月通い続けていくうちに、職員の雰囲気が変わってきたのを感じるようになりました。私を迎えるときの以前の険しい表情が嘘のように、笑顔が溢れ、ちょっとした冗談も飛び交うようになりました。

変えるべきところは変える

Gさんのような素晴らしい施設長がいるというのは、前理事長の教育の賜物だと思います。ただ、法人のなかには、厳しく指導されることを恐れて自ら提案することを避けている傾向があるように感じました。また、何か不都合なことが起きたときに、隠そうとする体質もあるように思えました。これは変えていかなければならない点でした。

トラブルが起きた時には、当事者や責任者を責め立てることはせず、現実的な対応と再発防止を考えようと話しました。気軽に連絡ができるように私のメールアドレスを伝え、何か連絡が入ればすぐに返信をするようにしていました。そうするうちに、Gさんをはじめとする職員たちが、良いことも悪いことも包み隠さず連絡をしてくれるようになりました。

また、前理事長の頃には決裁は週に1回と決まっていたので、業務が滞ることがあったそうです。私はいつでもメールで受け付けることにしました。これにより、スピードアップを図りました。そういった対応を続けていくうちに、職員から日々の業務のなかで感じたことや考えていることを率直に言えるようになったという声が聞かれるようになりました。

事例研究会でノウハウを共有

もともと自分たちで立ち上げた介護施設のほかに、M&Aで新たな介護施設が仲間となったことで、グループ内での事例研究会を通してノウハウの共有が活発にできるようになりました。特にFさんの施設は設立から30年以上が経っていました。そのため、さまざまなノウハウも蓄積されています。事例を共有し合うことで、私たちも得るものが多くあります。逆に、私たちの事業所が新たな知見に基づいて行った試みが刺激を与えることもあります。

「今までどおり」でいることは居心地のよいものです。しかし、せっかくなら少しでも前に進む努力を一緒にしていきたいと私は考えています。それぞれの職員が向上心をもって取り組むことができると、施設全体のステップアップにつながります。

私は１９９１年にクリニックを開業してから、職員に研究論文を発表してもらう場を積極的に設けてきました。もちろん、私自身も研究を発表し、共有してきました。自身の専門分野の本格的な研究はもちろん、大きなテーマでなくても、みんなの役に立つことであれば発表してもらっています。

最初からみんなが積極的だったわけではありませんでした。博士号をとって以来、論文を書いたことがないという人もいましたし、そもそも論文を書いたことがないという人もいました。それでも、これは自分自身のためにもなるし、患者のためにもなるのだと説明して取り組んでもらいました。

当初は研究発表に抵抗のある人もいたようですが、ほかの人の発表を聞いたり自分でもやってみたりするうちに、みんな慣れていきました。始めたばかりの頃は発表される論文は年に数本でしたが、徐々に増えて一年に12～13本、多い時では20本ほどの論文が発表されるようになっていきました。職員の数が増えてくるに従って、最近では一年で50本ほどの研究論文が発表されています。これらの論文は一冊の論文集として編纂《へんさん》しているのですが、年々その厚みを増しています。その重みに、私は職員たちの士気を感じます。自分の仕事に強い興味をもって取り組み、テーマを見つけて論文という形で世に示す。これは自分の仕事に誇りをもつことにつながります。その成果は個人に止《とど》まらず、周囲に刺激を与え、結果として組織全体がレベルアップすることになります。このような研究発表は明生会グループだけでなく千葉県の透析研究会や全国の透析医学会でも行うようになりました。県や全国の学会で多く発表することにより、各医学会からの信用を得ることができます。

もともと、人工透析という特殊な分野を専門にしていたので、私の全国的な知名度は高くないどころか、存在さえ知られていなかったと思います。しかし、研究発表を50年以上にわたって続けてきたことで、透析医学会では私の法人を誰もが知っているほどになりました。

この姿勢は医師などの診療部門だけでなく、管理部門の職員であっても同様です。保険制度や医療制度はたびたび変更が行われます。業務に必要な知識は一度覚えれば終わりではありません。常に情報への感度を高くもち、変化を敏感にキャッチすることが大切です。自らの仕事に興味をもって、積極的に取り組むことで、最先端でありつつも心の通ったサービスを提供できるようになります。

これと同様の考え方で、介護分野の事例研究会を行っています。事例研究会を行うようになったことで、施設の垣根を超えた職員同士の交流が生まれています。これまで、Fさんの施設ではHさんが職員の教育を担ってきましたが、マネージャーの育成については共同で研修を整えていこうという試みも始まっています。

グループで物流の仕組みを共有する

私の法人はグループが大きくなっていく過程で独自に物流の仕組みを築いてきました。

透析患者に休みはありません。もちろん、大型連休やお盆、お正月なども関係なく欠かさずに透析をするため、病院は稼働していますが、一般企業である機材販売の会社はお休みをとります。そうすると、急に薬剤がほしいとなった時や機械が故障したときに、会社が休みのために対応できないということもあり得ます。

連休であれば前もってスケジュールが分かっていますが、自然災害はいつやってくるか分かりません。もし災害などによって電源が失われるような事態になれば、機械類を使うことができなくなって治療が進まなくなります。非常用の電源を備えていたとしても、予想しなかったようなことが起こる可能性も否定できません。

そこで、私は物流部門を自前でもつことにしました。倉庫を買い取ってリフォームし、透析用の機器や医療消耗品はもちろん、薬剤や事務用品など、病院を運営していくうえで必要になるものをすべて買いそろえておくことにしたのです。これらの管理と作業・搬送を担当する専門の社員を配置し、年中無休で稼働できるようにしました。

信頼できる会社から仕入れているので品質は常に安定していますし、まとめて大量に購入することで、商品の単価を安くすることができます。そのため、物品にかかる経費を大幅に削減することができました。

足りないものがあれば、ドライバーがすぐに倉庫から施設まで届けるという仕組みが整っています。倉庫の購入費用や運用のための人件費は掛かりますが、治療に必要なものを常に確保して、緊急時であってもすぐに対応できます。

M&Aによってこの仕組みを共有することは、お互いにとってプラスになります。グループの規模が大きくなればなるほど、スケールメリットを活かして備品を安く調達することができます。コストの面はもとより、機器や備品などのハード面の都合に左右されることなく治療を続けられるということは、命を預かる私たちにとって何よりも大きなメリットです。

エリアが違う施設同士のM&Aで災害時の連携が可能に

Fさんの施設とのM&Aが成立したことでお互いにメリットとなったのは、災害時の連携ができるという点です。医療機関や介護施設を運営するうえで、災害への備えは大切です。特に私の運営している病院では人工透析を行っています。これは災害が起きたからといって止めるわけにはいきません。

透析治療で重要なのは「水」です。水さえ確保できれば、あとは電力をどうにかすれば治療を行うことができます。人工透析では、いついかなる時でもたっぷりと水を準備できるようにすることが肝心です。

どうすれば水を十分に確保できるだろうと考えた時、以前に興味をもった「老抽《ラオチョウ》」というシンガポールの醤油の運搬のことを思い出しました。老抽というのは「たまり醤油」のような甘みやとろみがあり、シンガポール料理には欠かせない調味料です。この調味料を運搬する時には、厚くて丈夫なビニール袋を装備した2トントラックを使っているというのです。それを知った時に「面白いな」と強い印象が残っていたのでした。

調べてみると、シンガポールの会社がその袋を扱っているというので、もしもの時のために10枚ほど購入しました。それに水を貯めて各施設へトラックで運べば、治療を続けられると考えたのです。

しかも、私たちの病院のある東金地区には地酒をつくる酒蔵がたくさんあります。酒造りにとっても、水は命です。酒蔵は質の良い水を大量に確保しています。そこで、複数の酒蔵に声をかけて、非常時には水を分けてもらえないかとお願いをして回りました。さらに、横芝と千葉市、東金の3カ所に井戸があることも確認しました。井戸水は実際には使わないとしても、最悪の場合に代用するくらいはできるかもしれないと考えました。

地震以外にも、夏に雨がなかなか降らず利根川水系の水が不足して断水に遭うという経験は何度もあったので、非常時に水を運搬する訓練は普段から行っていました。

この仕組みを整えていたことは、２０１１年の東日本大震災の際に活かされることになりました。東北の惨状が伝えられるなか、千葉・茨城一帯でも震度6の大地震が立て続けに起きました。大きな揺れとともに停電しているエリアが増えていきました。実際にいくつかの施設では人工透析用の機材が使用できなくなりました。

幸いにも管理本部は被害がなかったので、ここを司令塔として各施設の状況の確認を進めました。混乱のなか、それぞれの施設と連絡を取り合うのも普段のようにはいきませんでした。東日本を中心に動揺が広がり、多くの人が一斉に安否を確認しようとしていたために携帯電話はほとんど通じません。インターネットはつながったのでメールでやりとりをしたり、固定電話やＦＡＸなども使いながら連絡をとったりしました。

困っている施設に物資を運搬するためにはガソリンの確保も必要です。あちこちのガソリンスタンドに状況を確認して、ガソリンの手配も急ぎました。

停電した施設では患者たちが不安に襲われていました。ドライバーが迎えに行き、患者と機材を電気の通っている施設まで運びました。そして、医師や臨床工学技士、看護師たちを電気の使える施設に集めて休まず治療を続けました。

これらの対応をしている間も余震は続いていました。今は稼働していても、いつ停電になるか分からないという状況です。大きな揺れがまた襲ってくるかもしれません。患者はもちろん、職員の身の安全を確保することも大切です。医療従事者たちも今まで経験したことのないような揺れのなかで恐怖もあったと思います。そんななか、現場の医療従事者たちの懸命の働きによって、透析治療を止めることなく難局を乗り切ることができました。

今後も同じ規模の、もしかしたらより大きな規模の災害に見舞われる可能性があります。しかし、私たちはこの時の経験をもとに対応策と準備を改めて整え直し、より強固な体制を構築しています。

さらにFさんの施設のようにエリアが異なる法人が明生会グループの一員となってくれたことで、災害時の対応の幅が広がりました。一方のエリアが大きな被害を受けたとしても、必要な物資を速やかに送ることができます。場合によっては困っている患者や利用者を受け入れることが可能です。M&Aのメリットはそんなところにもあるのです。

前理事長はM&A後も週に1回の診療に

当初、Fさんの身の振り方としては、M&A後1年間は名誉理事長として残り、そのあとに引退するということで話がついていました。しかし、Fさんの希望で今でも週に1回の診療をしてもらっています。

M&A後には一切関わらないというケースも多いようです。組織が新たなスタートを切るうえでは、そのほうが良い場合もあります。しかし、Fさんの望む形で今でも関わってもらうことにしたのは、私からFさんへのリスペクトです。公私ともに大変な状況のなかで歯を食いしばって法人を守ってきたFさんは今、一人の医師としてご自身のペースで患者の方々と向き合っています。

エピローグ

介護ニーズが高まるこれからの時代 介護事業M&Aの重要性は さらに増していく

重要性が増すM&Aの選択

介護業界は他業界と比較すると、まだ歴史の浅い業界だといえます。というのも、戦後間もない頃までは家庭内において女性が介護を担うというのが一般的でした。当時は他世代が同居していたこともあり、家庭内で介護を引き受けることができていたのです。

それが１９６０年代になってくると核家族化が進んでいき、家庭ですべて引き受けることが難しくなっていきます。そして老人福祉法が制定されたのが１９６３年です。特別養護老人ホームが創設され、ホームヘルパーが法制化されました。

１９７０年代に入り、日本は高齢化社会に突入しました。１９７３年には老人医療費無料化が行われましたが、高齢者がどんどん増加するなかで医療費増大が問題とされるようになります。この頃、老人福祉法によって老人デイサービスセンターや老人短期入所施設がつくられるようになりました。

１９８０年代になると、今度は寝たきり高齢者の問題が取り沙汰されるようになりました。老人保険法の制定によって、老人保健施設がつくられるようになりました。

このように家族のあり方が変わり、高齢者の人口も増えていくなかで1990年代にはホームヘルパー養成事業が実施されて老人訪問看護制度が始まりました。

このような時代の流れに対応しようと施行されたのが介護保険法でした。2000年にスタートした介護保険制度は改正を繰り返しながら今に至っています。

2005年には予防重視型のシステムが導入され、2011年には地域で高齢者を支える地域包括ケアシステムが注目を浴びました。2021年の改正では、地域共生社会の実現が謳われています。

このように、介護の場は家庭から地域へと移ってきました。家族の形態が変わり、少子高齢化が進むなかで、高齢者を個では支えきれなくなってきているからです。2021年の改正で打ち出された「地域共生社会」というのは、地域に過ごす子どもや高齢者、障がい者も含めたすべての人が、地域や暮らし、生きがいなどをともに創り、高め合っていける社会のことです。

家庭の介護力が低下してしまった時代に地域の介護を支えてきた事業所が消えてしまうというのは、その地で暮らしてきたお年寄りから人との縁や土地とのつながりを含めた豊かな暮らしを奪うということです。そんなことがあってはなりません。

介護報酬の低さに起因する介護を取り巻く環境は厳しいものになっています。ただ、現時点で経営が苦しくなってきたとしても、理念を共有できる相手とのM&Aという選択をとることで、その地で事業を続けることができます。それは地域の介護を守ることにもつながります。

また、M&Aをすることは、地域包括ケアシステムの構築にも一役買うことになるでしょう。地域に根ざした医療や介護、生活支援や介護予防といった分野では、医療と介護が垣根を超えて連携をとることが必要です。これまでは別々に事業を営んできた者同士が同じグループとなることで、連携を強化することが可能になります。事業者側が資金や人材の確保の面で有利になるのはもちろん、利用者側にとってもシームレスにサービスが受けられるという利点もあります。

Begin. Continue.

私が医師として最初の病院を開業しようとしていた頃、私を支えてくれた言葉がありま す。それは、中山恒明《こうめい》先生の「とにかく始めることです。そして始めたら止めないことで す」という言葉です。英訳すると「Begin. Continue.」。私はこの言葉を胸に開業準備を進めました。

病院を新たに開業するには、病院に適した土地が必要でした。もちろん建物も建てなければなりません。診療設備をそろえるための資金も必要です。当時、千葉大学の勤務医であった私には、土地や建物を簡単に用意できるような資金的な余裕も具体的なアイデアもありませんでした。

大学に在籍していると、学生の指導や自身の研究に多くの時間をかけることになります。ただ、私は「臨床をやってこそ医者である」と考えていました。自分が医師を目指した理由は何だったのかを問い直した時、心に浮かんできたのは「患者さんと面と向かってきちんと診療したい。自らの手で人工透析の治療をもっとしたい」という思いでした。

「自分の手で一人でも多くの人の命を救いたい」

それが自分の原点であり、私の使命だと思っています。この思いを抱くようになったのは、私の生い立ちに関係しています。

私が生まれたのは太平洋戦争が終わる少し前の1945年4月です。鹿児島県奄美大島の名瀬市（現奄美市）に生を受け、沖永良部島《おきのえらぶじま》で育ちました。当時は映画やラジオ、雑誌などで目にする東京の華やかさに憧れを抱いたものです。

東京への憧れは、いつしか「東京に行きたい」という確固たる意思となりました。その希望を叶えるために私は中学3年生の時に行動を起こし、東京に嫁いでいた叔母の家へ下宿して東京の中学校に通えることになりました。当時、沖永良部島から鹿児島まで貨物客船で30時間、そこから東京までさらに30時間の長旅でした。

中学3年生の3学期から東京の中学に転入し、そのまま東京で墨田川高校へと進学しました。親元を離れて東京で勉学に励み、大学は理系に進むことを考えていました。当時の私が目指したのは数学者になることでした。

そんな高校2年生の夏、徳之島で暮らす父から突然の連絡が入りました。母の命が危ないという内容でした。大慌てで徳之島に向かいましたが、母の死に目には会えず、亡骸《なきがら》を前に呆然とするばかりでした。

母の死因は子宮外妊娠のために血管が破裂して出血多量が悪化したというものでした。本来なら、腹部を開いて破れた血管を止血するというオペで済む疾病です。しかし、現地の医師が原因を見抜けなかったのか、オペの設備が整っていなかったのか。今となっては実際のところは分かりませんが、適切な治療を受けられなかったために命を落とす結果となってしまったのです。

この時、父から聞かされた母の最期の言葉が私の道を決めました。こんなに苦しい思いをするのは私だけで十分。だから息子には医者になってもらい、ほかの人を助けてほしい――。そんな母の言葉を受け止めて、私は必ず医者になると決意したのでした。それから時は流れて、亡き母との約束を果たすべく医師となった私は人工透析を専門と定め、多くの患者と向き合ってきました。

私が開業を考えていた当時、人工透析患者は1回の透析治療に10時間かかることもありました。そのため、ほとんどの透析患者は正社員の職に就くことができませんでした。高度成長期を経て「24時間戦えますか」というキャッチコピーが一世を風靡《ふうび》していた時代です。腎臓を壊したために解雇されたり、待遇が正社員からアルバイトに変更されたりといったことが当たり前のように行われていました。発症した途端に社会的にも苦しい思いをすることになっていたのです。

医師の立場から社会的なサポートをすることまではかないませんが、人工透析をすることは直接的に人の命を助けることにほかなりません。それならば、できるだけたくさんの透析患者の命を救いたい。そのためには、開業して多くの患者を治療するしかない。私はそう考えて開業に向かって踏み出したのでした。

私の母校の知名《ちな》中学校の校訓に「精一杯」という言葉があります。目標に向かって執念をもって精一杯努力を続けていけば、歯車が動き始めます。歯車は一つ動けば二つめが動いて、さらに三つめが動いていくうちに加速して前に進むことができるようになります。「とにかく始めること、始めたら絶対に止めないこと」。私が専門としてきた人工透析もそうですし、介護でも同じです。始めたら絶対に止めないことが大事です。それでも、もう無理かもしれないと思った時にはＭ＆Ａという扉を開いてみれば、その先に新しい道が続いていきます。

人の命を救いたい――その思いの先に

母の言葉をきっかけに私は多くの人の命を救いたいと50年にわたって医療に携わってきました。医療の進歩などによって寿命が延びた今、90代の親の介護を70代の子が担い、疲れ切って親の命を奪ってしまったり、自ら死を選んだりというような痛ましいニュースを耳にすることもあります。こんな悲しいことが起こる社会をそのままにしておいていいはずがありません。

人間は本来、健康なまま老衰で天寿を全うするというのが理想です。しかし、実際にはなかなかそうはいかないのが現実です。病気を患ったり、事故に遭ったりして苦しみながら亡くなっていくことのほうが多いと思います。

生活苦のなかで孤独に亡くなっていく高齢者や、未来に絶望して自ら命を絶ってしまう若者のニュースを見聞きするたびに、もっとほかに選択肢はなかったのだろうかといたたまれない気持ちになります。人を孤独な死に追いやってしまった社会の冷たさを何とかできないものかとも思います。医師として、病気によって無念の死を迎える患者の姿をたくさん目にしてきたからこそ、心臓が自然に停止するまで生き抜いてほしい。それが私の医師としての願いです。

日本が少子高齢化社会になることはもう数十年前から分かっていたはずです。しかし、ここまで問題を先送りにしてきてしまったために、そのしわ寄せが大きな問題となって今、目の前に突きつけられています。医師としての私にできることは何か、病院経営者としての私にできることは何か、一人の人間としての私にできることは何か。常に自身に問いながら、前を向いて進んでいくしかないと思っています。

医師として、経営者として

医師としての私が最優先に考えるのは患者のことです。それと同時に、病院経営者でもある私は職員の幸せを考えるのも仕事のうちです。

開業した時は総勢14名のこぢんまりした組織でしたが、開業以来次々と新しい施設を立ち上げたり事業を広げたりしていった結果、今では11カ所の医療施設と5カ所の介護施設を擁し、全部で約1000名の職員が明生会グループで働いています。その一人ひとりが、私にとって理念を共有して一緒に事業に取り組んでくれる大切な仲間です。

職員たちは目の前の患者のために懸命に働いてくれています。それと同時に、家庭に戻れば子を育む親であったり、年老いた親を慈しむ子であったりします。実際に親の介護や子育てをしながら、家庭と折り合いを付けて働いている職員も多くいます。

この職員たちの幸せを守るために私にできることは、大きくなった組織を安定させて維持し、成長させていくことです。これは経営者としての大切な仕事です。

医師として必要な医学や医療技術については、大学でじっくりと学んできました。その一方で、医学部で経営についてはまったく学ぶ機会はありませんでした。医師の世界は一般企業のあり方とは異なる特殊な環境だといえます。医学部を卒業すると研修医として大学に残ったりほかの大学に移ったりして医療技術の研鑽《けんさん》に励むことになります。その閉じられた人間関係のなかで、医療以外の経営や組織論に触れる機会はほとんどないといっても過言ではありません。

研究に没頭する人生を選ぶならば、それでもよいのですが、しかし病院を開業して経営していくのであれば、個人商店を開業するのと同じです。評判がよければ患者が集まるようになっていきますが、評判が落ちれば経営も苦しくなります。なじみのない土地で新たに開業するなら、まずは地域の人に知ってもらうことから始めなければなりません。経営努力をしなければ病院も存続していくことは難しくなります。それは介護事業でも同じことです。

また、職員の数が増えれば増えるほど、効率のよい組織運営が必要になります。私は病院を開業するにあたって、自らコンサルティング会社の経営セミナーに通いました。そのセミナーでは経営者とはどういうものなのかを体感しながら、一から学ぶことができました。その後にも、常に情報のインプットに励みました。孫子の兵法や論語などの古典をはじめ、松下幸之助氏や稲盛和夫氏の著書から若い経営者の書いた経営論まで積極的に読むようにしてきました。こうして蓄積した考え方やノウハウを自分の病院経営に活かし、職員にも共有するように心がけてきました。

日本の社会保障の限界まで、私たちに残された時間はもう多くはありません。医療技術の発達や予防介護などによって長生きできるようになる一方、少子化は加速しており、若い世代の負担は増える一方です。

私が長年専門としてきた人工透析患者も年々増えています。そもそも、ベースとなる高齢者の数が増加しているので、透析患者が増えるのも当然です。しかも、食生活が豊かになってから高齢化する人たちが多くなるので、糖尿病などの生活習慣病由来の透析患者がこれからも増えていくことが予想されます。

人工透析を必要としている人は、身体障害者一級に認定されると医療費の助成が受けられ、自己負担分の医療費が無料になるか低額になります。また、障害年金を受け取ることもできます。これらのお金は社会保障費から出ているので、いずれ社会保障費が削られていくうちに締め付けがあるのではないかとも予想できます。

人工透析に限っていえば、今後iPS細胞等によって腎臓再生技術が開発されれば、人工透析自体が必要なくなり、患者が透析時間に縛られた生活から解放される可能性もあります。新たな技術がもたらす明るい未来を想像することもできますが、国が目の前の問題を解決できないまま時間だけが過ぎていくのなら、私たち一人ひとりが自分の頭で考え、行動に移していかなければなりません。

今、生きていることへの感謝を胸に

自分の医師としての日々を振り返ってみると、いろんな経験をしてきたものだと思います。開業するにあたって、何年もかけて土地探しをしたり、開業した翌年には二つめの病院を開院したり、経営不振の病院を引き受けたり、介護の分野にも進出したり……。挑戦を続けてきたことで、充実している感覚を味わってきました。そういった充実感とは違った「幸せ」があることに気づかされるきっかけとなったのが東日本大震災でした。

２０１１年3月11日、私のいた千葉県も大きな揺れがありました。これは大変なことが起きているのではないかとテレビをつけてみた私の目に映ったのは、にわかには信じられないような光景でした。今までに見たこともないような巨大な津波が人々の暮らしを飲み込み、根こそぎ奪っていきます。そして波が引いた後に残されたのは瓦礫《がれき》の山でした。

地震が来るまでは普通の生活を過ごしていた人たちが、一瞬のうちに家を失い、財産を失ってしまうのです。ついさっきまで健康で元気だった人たちが一瞬で命を奪われます。そんな現実を目の当たりにした時、日常を過ごせること自体が、なんと幸せなことだったのだろうと気づかされました。朝起きて、仕事に行って、時間になったら家に帰るといった日々のルーティンだと思っていたようなことが、実はとても幸せなことだったのだと思えたのです。これ以上のことを望むのは「欲」だと私は考えるようになりました。

その後、自分自身が生死の境をさまよう経験をしたことで、その思いはいっそう強くなりました。

私の法人では中短期計画を設定し、「3カ年計画」を打ち出すのですが、その骨子を立てる時には、幹部が長野の保養所で1泊2日の合宿をするのが決まりとなっていました。幹部たちが長野へ向かうなか、私はちょうど講演の予定があったので一人だけ遅れて長野に向かうことになっていました。それは市川市医師会の80周年パーティーの場で、「次は自分の番だ」と思ったところで、私の記憶は途切れています。

あとから聞いた話では、講演台に立って話し始めたのですが、途中から呂律が回らなくなり、倒れそうになったとのことでした。異変に気づいた周囲の人が私を支えてくれたおかげで、転倒は免れました。

私にとって幸運だったのは、その場に集まっている人のほとんどが医師であったということです。その場に居合わせた脳外科の先生によって「脳動脈破裂」と診断され、市川総合病院ですぐに処置をしてもらうことができたのでした。もし自分がこのパーティーに参加せずに長野の山奥にある保養所に向かっていたら、このような緊急処置は受けられなかったことでしょう。おそらく命を落としていたのではないかと思います。

生きていれば、つらいことや悩むこともあります。しかし、「死」を身近に感じた時、今生きていられることへの感謝が湧き上がってきます。それは私のなかで「日本の介護を守ろう」という情熱の原動力になっています。

「5S」の精神を共有できる仲間とともに介護の守り人として

一つめの病院を開業した日の朝礼で14人の職員を前に話した内容を「Secure・Speedy・Smart・Smile・Service」の頭文字をとって「5S」という形にまとめ、全職員と共有してきました。ここに私の医療サービスへの考えが集約されています。この考え方に共感してくれた仲間と一緒に、ここまで歩んできました。この考えは医療だけでなく、介護事業に通ずる方針でもあります。

私の法人は人工透析を柱にして、医療・介護に包括的に取り組んできました。人工透析も介護も大勢の人たちの命を半永久的に預かることになるので止めるわけにはいかないという点で共通しています。私が脳動脈破裂で半年ほど入院した時には、開業時から一緒に歩んできた先生が私の代わりに指揮をとってくれました。誰かに何かあってもフォローできる体制になっていて揺るがないというのは、組織が理想の形に近づいてきた証拠だと思っています。

M&Aによって「5S」の精神を共有できる仲間がさらに増えていくなかで、これからも永続的に組織を維持していくには仲間が一丸となって難題に取り組み解決できる組織力が不可欠です。苦しんでいる人がいる限り、一人でも多くの人の命を救い幸せにするために、私は介護の守り人としての使命を全うしていきたいと考えています。

おわりに

挑戦

この世には二つに一つの選択しかない
諦めて生きるか
挑戦しつづけて生きるか

諦めて生きる人があまりにも多い
自分に妥協し自分を偽り
他人のせいにし言い訳をいいつづけ
弱音をはいてあわれみを乞い人生を生きている
諦め……何と安易な言葉だろう

挑戦こそが人生だ
困難にあえて挑戦し困難をのりこえ
自分らしく生きる

挑戦するから命が燃える
挑戦するから魂が生きる
挑戦こそが新しい道を切り開く

これは、あるクリニックの開業5周年記念誌に私が寄せたメッセージです。自分の人生を諦めることをせず強い力をもって立ち向かい、新しいことにチャレンジし続ける。困難に負けない強い心をもつことが人間にとって大切なことだというのが私の信念です。

自分の歩みを振り返ってみれば、挑戦し続けてきた人生でした。中学生で親元を離れて憧れの東京へやってきて、母の言葉をきっかけに医師を志しました。海外留学の経験を経て千葉の大学病院に所属してさまざまな困難に立ち向かいながら開業しました。開業後2年で二つめのクリニックをオープンさせ、赤字になった病院の再建も手掛けました。介護事業にも乗り出して、77歳になった今、介護の守り人としての挑戦を続けています。

人生の価値観は人それぞれです。現在のポジションに満足して幸せに生きるというのも一つの選択肢です。もちろんそういう生き方もありますが、私は挑戦する気持ちをもち続けていきたいと思っています。一人ひとりの職員がそれぞれに「挑戦」の気持ちをもっていれば、一丸となった時に大きなパワーを発揮できると私は信じています。

私は開業以来、どんなに忙しくても明生会の職員のほとんどの採用面接に立ち会ってきました。ともに挑戦する仲間を決めるのために大事なプロセスだと考えているからです。同席するからといって、私は特に口を挟むわけではありません。応募してきた人が明生会でどんなことをやりたいのかを語るのに耳を傾けたり、どのような心構えで応募してきているのかを見たりしてきました。私自身は長年臨床で数千人の患者さんを一対一で診てきたので、その経験の中で「この人は真面目だ」とか「ちゃんと本音で話しているな」とかいうような人を見る目は養われてきたと自負しています。面接の場では、決して饒舌《じょうぜつ》である必要はありません。私の重視するポイントはたった二つです。

一つめは熱意が感じられるかどうかです。例えば「ホームページを見て興味をもちました」というレベルの話で終わるようなら、私たちのことを理解しようという熱意は感じられません。逆に、自分は法人にどのように貢献できるのか、自分を採用するとどんなメリットがあるのかというところにまで踏み込んで話ができているようなら、十分に熱意があるといえます。

二つめは心根の優しさです。人に対して最大の心くばりができる人は、医療や介護の現場にとって貴重な人材です。医療や介護の現場には、重い病気で苦しんでいる人もいますし、寝たきりになってしまって何をするにも誰かの助けを必要とする人もいます。そのようにさまざまな困難に苦しみながらも、それでも前を向いて生きようとしている人たちに優しい心をもって接することができるかどうかは大切なポイントです。

そうやって採用した職員は明生会の宝です。開業当初は考えの違いから辞めていく人もいなかったわけではありませんが、明生会グループが大きくなるにつれてよほどの事情がない限り辞めていく人もいなくなりました。

超高齢社会に突入した日本は、これまでに経験したことのないような大変な局面に入っていくことになります。そんな社会情勢のなかであっても、一人ひとりが挑戦の気持ちをもって前に進むことができていればどんな難局も乗り切っていけると私は信じています。志をともにできる仲間と出会い、社会をよりよくすることができたら、今の私にとってこんなにうれしいことはありません。

2023年2月吉日　　田畑陽一郎

田畑 陽一郎（たばた・よういちろう）

1945年4月鹿児島生まれ。1971年4月千葉大学医学部第二外科へ入局し、1977年社会保険（現JCHO）船橋中央病院の外科へ出向。その後アメリカのイェール大学、カナダのマギル大学へ留学し1年半ほど人工肝臓の研究を行い帰国後、科学技術庁放射線医学総合研究所病院の外科部長を務める。

1983年には千葉大学医学部第二外科に復帰、同時に附属病院人工腎臓部室長を経て、1991年に千葉県東金市に第1号施設となる「東葉クリニック」を開設。1992年には医療法人社団明生会を設立し、現在では医療法人社団明生会をはじめとした複数の医療・福祉法人の理事長を務める。

本書についての
ご意見・ご感想はコチラ

介護事業の守り人

2023年2月20日　第1刷発行

著　者　　田畑 陽一郎
発行人　　久保田 貴幸

発行元　　株式会社 幻冬舎メディアコンサルティング
〒151-0051　東京都渋谷区千駄ヶ谷4-9-7
電話　03-5411-6440（編集）

発売元　　株式会社 幻冬舎
〒151-0051　東京都渋谷区千駄ヶ谷4-9-7
電話　03-5411-6222（営業）

印刷・製本　中央精版印刷株式会社
装　丁　　秋庭祐貴

検印廃止

Printed in Japan
ISBN 978-4-344-94161-8 C0034
幻冬舎メディアコンサルティングＨＰ
https://www.gentosha-mc.com/